A CULTURA É LIVRE

UMA HISTÓRIA DA RESISTÊNCIA ANTIPROPRIEDADE

AUTONOMIA LITERÁRIA
FUNDAÇÃO ROSA LUXEMBURGO

LEONARDO FOLETTO

Coordenação editorial
Cauê Seignemartin Ameni e Daniel Santini

Preparação
Tulio Kawata

Revisão
Hugo Maciel de Carvalho

Capa, ilustrações e diagramação
Rodrigo Corrêa

Autonomia Literária

Conselho editorial
Cauê Seignemartin Ameni, Hugo Albuquerque & Manuela Beloni

Fundação Rosa Luxemburgo
Escritório Brasil – São Paulo
Diretor Torge Löding

Esta publicação foi realizada com apoio da Fundação Rosa Luxemburgo e fundos do Ministério Federal para a Cooperação Econômica e de Desenvolvimento da Alemanha (BMZ).

Dados Internacionais de Catalogação na Publicação (CIP)
(eDOC BRASIL, Belo Horizonte/MG)

F663c Foletto, Leonardo.
A cultura é livre: uma história da resistência antipropriedade / Leonardo Foletto. – São Paulo, SP: Autonomia Literária, 2021.
256 p. : 14 x 21 cm

ISBN 978-65-87233-30-7 (AUTONOMIA LITERÁRIA)
ISBN 978-65-990744-4-8 (FUNDAÇÃO ROSA LUXEMBURGO)

1. Ciências sociais. 2. Pluralismo cultural. 3. Política cultural. I.Título.

CDD 305.8

Elaborado por Maurício Amormino Júnior – CRB6/2422

PREFÁCIO

O arco conceitual aberto por este livro que você tem em mãos vai de Ocidente a Oriente, cobrindo toda a trajetória das especulações sobre as noções contrastantes de propriedade intelectual e domínio público, desde a Grécia, a Roma antigas e a China Imperial sob a influência do confucionismo, passando pela Idade Média e os mundos renascentista e iluminista europeus, pela modernidade globalizante da expansão dos horizontes mundiais do período das descobertas - a expansão para as Américas, África e Ásia –, até os nossos dias, com os extraordinários impactos das modernas tecnologias digitais sobre a produção e circulação de obras culturais em todo o planeta.

Esse arco conceitual é, neste livro, vivamente ilustrado pelas várias passagens históricas que deram corpo e alma à construção dos chamados "direitos de propriedade intelectual". O livro cobre essa construção com múltiplas observações sobre como "pessoas, grupos e movimentos subverteram o *status quo* de suas épocas, da criação e circulação da cultura e da arte". Traz ilustrações que vão desde as descrições sobre técnicas de utilização do papiro para a confecção dos primeiros livros em remotas épocas imperiais, passando pela revolução da imprensa abrindo os tempos pós-medievais (com Gutenberg), constatando as novas injunções econômico-político-sociais na Inglaterra e na França – dos séculos XVI ao XVIII – em sua transição de monarquias absolutistas para regimes constitucionais (com o surgimento do copyright e do direito do autor), observando o advento do rádio (com Guglielmo Marconi), até, afinal, desembocar na era contemporânea do cinema, da televisão e da internet com tudo que nos familiariza, hoje, com a chamada Cultura Livre (o software livre, o *sampler*, as várias formas de compartilhamento etc.).

A minha referência a esse amplo arco de abrangência conceitual do livro vem do desejo de que ele seja lido com a lente multifocal que requer, necessária para cobrir o largo espectro de ambição do autor ao tratar de uma das mais complexas questões da história cultural da humanidade. As implicações da existência de uma ou de múltiplas noções de um direito proprietário, com respeito às nossas atividades artísticas e intelectuais ao longo dos vários tempos dos desdobramentos da nossa civilização, é fundamental para a compreensão de como chegamos até aqui e de para onde estamos caminhando como sociedade humana. Este livro, ainda que centrado no direito autoral em oposição ao domínio público das ideias – seara por si só suficiente para preencher todo um universo especulativo –, nos informa sobre conhecimento e razão, nos ajuda a balizar nosso horizonte de desenvolvimento humano com a largura da pluralidade de olhares. O livro mira na propriedade intelectual, mas revela muito mais: a própria noção histórica de propriedade, todo um mundo de carências e riquezas dos possuidores e dos despossuídos.

Um livro vasto sobre cultura, política, sociologia, antropologia e história. Um livro de uma sobriedade eloquente sobre questões quase sempre nada sóbrias na dinâmica das disputas humanas. Um livro para a atualidade, para a pós-modernidade e para o futuro civilizatório. A tirar proveito, vejamos.

Gilberto Gil

APRESENTAÇÃO

Este livro nasce de um esforço que data de 2008, ano da criação do BaixaCultura[1], blog, site, projeto, laboratório on-line criado por mim e pelo poeta Reuben da Cunha Rocha, então mestrandos de universidades públicas num Brasil que ainda acreditava no futuro. Ao buscar escrever sobre produtos culturais que pudessem ser consumidos (apreciados, fruídos, curtidos) na internet, em poucos meses nos deparamos com a cultura livre, então uma ideia que falava da principal discussão na internet mundial daquele momento: o compartilhamento de arquivos na rede e as disputas em torno da (i)legalidade desse ato. Logo puxamos o fio: software livre, copyleft, cultura digital, hackers e ciberativismo vieram de um lado; remix, plágio, apropriação, arte radical, contracultura, de outro. Unimos ambos os fios com a pirataria, o compartilhamento e a discussão tecnopolítica.

Onze anos depois, mais de trezentos textos publicados e um tanto de debates, mostras de filmes, oficinas, palestras, conversas e entrevistas realizadas, o BaixaCultura permanecia. Sem Reuben desde 2010, coube a mim, com ajuda de

[1] Disponível em: http://baixacultura.org.

diversas pessoas ao longo desse período, manter o espaço aberto, agora em uma outra internet e com a pauta do compartilhamento de arquivos e da cultura livre com menor espaço em todos os lugares. As promessas de transformação radical da sociedade que a internet convocava em muitos de nós naquela época se transformaram em algo próximo a um pesadelo. Em 2020, não houve como fugir de uma palavra para descrevê-lo: *distopia*. Ainda assim, o compartilhamento de arquivos na rede continua firme nos guetos hackers e contraculturais; a cultura livre segue como movimento em prol não só de uma cultura, mas também de um conhecimento livre e dos bens comuns; o copyleft se mantém como um dos maiores *hacks* em mais de três séculos de direitos autorais no Ocidente; o software livre permanece como uma utopia de construção colaborativa e solidária de tecnologias que, por ora, e por um triz, perdeu a chance de ser a realidade global; e o remix virou a principal forma de criação artística num mundo que, mais conectado do que nunca, não tem mais dúvidas que só se cria recriando.

Por todos esses motivos, continua sendo importante falar de cultura livre. A partir do escopo debatido no BaixaCultura nesse período e em diversos outros lugares por muitas pessoas, o que este livro busca é dissecar uma ideia que começou muito antes da internet e permanecerá enquanto houver ser humano vivo criando. Seria, porém, uma extensa e hercúlea jornada dar conta de falar de todos os aspectos que envolvem uma ideia de história tão longa. Por isso a escolha de buscar situar, contextualizar, recuperar, e debater um *mínimo múltiplo comum* sobre o tema, com ajuda de muitas áreas – história, direito, comunicação, arte, sociologia, antropologia, ciência política, estudos de ciência e tecnologia, computação.

Desenvolvida e propagada como ideia na década de 1990, nos primeiros anos da internet no mundo, a cultura livre se alimenta diretamente do conceito de software livre e do copyleft, ambas criações relacionadas a produtos tecnológicos – o software – do início dos anos 1980. Sua base, portanto, está relacionada ao desenvolvimento da tecnologia digital, assim como sua popularização é fruto de um cenário de expansão do acesso à informação a partir da internet. Mas a ideia de cultura livre, pelo menos na perspectiva que abordo aqui, tem uma história que começa muito antes do software livre e da internet. Falar de formas livres de criação, uso, modificação, consumo, proteção e reprodução de cultura passa por entender as maneiras de produzir e circular informação e cultura em diferentes períodos históricos, como a Antiguidade, a Idade Média e a modernidade; considerar os mecanismos criados pelo direito ocidental para controlar (e restringir) a criação intelectual; perceber como invenções tecnológicas como a imprensa, o gramofone, o cinema, o rádio, a fotografia, os computadores e principalmente a internet têm grande importância na alteração de todos os aspectos da criação cultural. Falar de cultura livre também é olhar para como foram sendo construídas as ideias de autoria, propriedade intelectual, original e cópia, sem esquecer das noções do Extremo Oriente e dos povos indígenas das Américas sobre esses assuntos; observar como pessoas, grupos e movimentos subverteram o *status quo* da criação e da circulação da cultura de suas épocas, em especial ao longo do século XX, e das implicações políticas de suas ações.

Pensado durante longo tempo e começado finalmente a ser escrito em 2019, este livro investiga a cultura livre também entre dois lados conhecidos: o da remuneração aos criadores, que deveria garantir a continuidade na produção de suas obras, e o do acesso, (re)uso e circulação das obras, que prometeria à humanidade o direito de fruí-las e recriá-las. Nesses dois polos, muitas vezes colocados como antagônicos, há nuances e questionamentos, entre os quais o da própria concepção de que alguém possa ser dono de uma ideia, uma melodia, uma frase, uma imagem, uma tecnologia, e a do entendimento de que uma obra não possa ser compartilhada ou consumida sem algum pagamento a quem a criou. Terei dado por cumprido o objetivo deste livro se, ao final, der para sacar que há muito mais nuances (e polos) para ver e entender a cultura livre do que se imagina.

Leonardo Foletto
São Paulo, inverno de 2020

INTRODUÇÃO

A palavra "cultura" teve tantos sentidos no decorrer da história que vamos, de início, buscar uma definição para conseguir acrescentar a ela o *livre* que nomeia este livro. O primeiro capítulo do livro *Micropolíticas: cartografias do desejo* (1984), de Felix Guattari e Suely Rolnik, tem o título "Cultura: um conceito reacionário?", um texto que traz diferentes sentidos de cultura que podem nos ajudar: o *sentido A* é definido como *cultura-valor* e corresponde a um julgamento de valor que determina quem tem e quem não tem cultura. É manifestado, por exemplo, em certos diálogos corriqueiros nos quais se fala que "tal sujeito é bem-educado, estudou em colégios caros, viajou o mundo, *tem cultura*".

O *sentido B* é o de *cultura-alma coletiva*, algo que, diferentemente do primeiro, todos têm: há cultura negra, cultura *queer*, cultura *underground*. Seria o conjunto de produções, valores, modos de fazer e de viver, uma "espécie de alma um tanto vaga, difícil de captar, e que se prestou no curso da História a toda espécie de ambiguidade"[2]. A cada alma coletiva (os povos, as etnias, os gru-

[2] Guattari; Rolnik, *Micropolíticas: cartografias do desejo*, p.19.

pos sociais) é atribuída uma cultura; em muitos casos, é também sinônimo de civilização, algo que foi bastante problematizado na antropologia, área na qual a cultura é foco central e que, por isso mesmo, conta com inúmeros conceitos e debates[3]. O *sentido C* proposto por Guattari e Rolnik é o de *cultura-mercadoria*, como um produto posto num mercado de circulação monetária. É um sentido mais objetivo que os outros dois, pois se refere a algo que podemos ver e tocar: um livro, um quadro, por exemplo. Poderíamos usar esse sentido para designar outra noção, a de bens culturais, que seriam aqueles objetos postos em circulação em *um mercado* que inclui outras pessoas além de seu criador. Alguns exemplos são um desenho publicado num blog na internet, um vídeo produzido a oito mãos de um smartphone e disponibilizado numa plataforma de streaming, textos políticos diagramados em formato de *zine* para serem vendidos ou distribuídos numa banquinha na rua, um livro de poesia de uma editora, um ensaio sobre arte em uma revista mensal. Existem diversos outros; basta satisfazer a necessidade de serem organizados em algum formato reconhecido e circularem para diversas pessoas.

No sentido A, não é como falar na liberdade de uma cultura que é vista como um valor, pois, ainda que seja possível escrever, não é lógico falar em "valor livre" em oposição a um "valor fechado", por exemplo. Um sujeito que é tido como alguém que tem cultura não é identificado como

[3] Como muitos outros antropólogos, Clifford Geertz, por exemplo, fala em cultura como modos de viver diversos e várias maneiras de se expressar (*A interpretação das culturas*); Marshall Sahlins fala de cultura como razão prática (*Cultura e razão prática*); e Roy Wagner fala de capacidade inventiva na alteridade (*A invenção da cultura*).

portador de uma cultura livre. No sentido B, cultura como "alma coletiva", ela já é livre *a priori*; não há *cultura underground* que não seja livre, nem uma cultura como o samba ou hip-hop, por exemplo, que seja toda ela fechada e propriedade de uma única empresa. Mas há bens culturais produzidos no âmbito dessas culturas que não são livres, objetos que bebem nas ditas almas coletivas e passam a circular num dado mercado e se tornam propriedade de alguns.

É, por fim, no sentido C de "cultura" que vamos falar aqui de cultura livre: como uma cultura que é colocada em circulação a partir de certos bens culturais em um dado mercado, bens que são de livre acesso, difusão, adaptação e valor – todas características que vão ser tensionadas ao longo deste livro. Ainda que essa *cultura* seja uma *mercadoria*, tida em conjunto como um *valor* distintivo e fruto de uma *alma coletiva* que carrega suas políticas e relações sociais, essa distinção por ora nos situa num conceito ao longo das próximas páginas.

Definida uma noção maleável de cultura e de cultura livre, podemos passar para outros conceitos que é importante que estejam, embora em versão mínima, neste prólogo. A noção de que um texto, um livro, uma peça teatral, um quadro possa ser *vendido* por um valor determinado não é algo dado desde sempre na história da humanidade, mas sim uma concepção estabelecida como senso comum a partir dos séculos XVII e XVIII, com o surgimento dos primeiros monopólios dados a impressores, da invenção do copyright, da propriedade intelectual e dos direitos de autor. Antes disso, havia, claro, produção de livros, desenhos, pinturas, esculturas, peças teatrais sendo feitos e postos em circulação para diferentes públicos, mas não havia um consenso de que essas obras circulariam em troca de uma certa quantia, que seria paga ao seu *dono*, ou a quem as produziu. E não havia por diversos motivos: primeiro porque a circulação era restrita, dada a dificuldade de se produzir (no caso de um livro, por exemplo); segundo porque a forma de fruição dessas obras era comumente coletiva e oral, não individual; e terceiro porque não era muito claro o sentido de que uma dada obra tinha algum dono ou mesmo um *autor*, como dito no capítulo 1: "Cultura oral".

Só começa a fazer sentido a relação dos bens culturais como mercadorias com um determinado preço e com autor quando, no século XV, se cria uma máquina de impressão que propaga certos tipos de bens culturais para públicos muito maiores do que existiam até então. Daí se estabelecem formas de controlar a circulação desses bens com leis, como o copyright, um direito concedido a alguém, de modo exclusivo, para produzir e reproduzir uma obra, como apresentado no capítulo 2: "Cultura impressa". Logo depois, surge a noção de propriedade intelectual, que se consolidou nos séculos seguintes como um ramo do direito civil, que vai buscar regular criações do intelecto humano, como mostrado no capítulo 3: "Cultura proprietária", a partir de uma relação, até hoje questionada, com a propriedade física.

A partir do século XIX, a propriedade intelectual se consolida dividida em dois ramos. Um deles é o *direito de autor*, estabelecido na sequência do copyright, no século XVIII, na França do Iluminismo, como um conjunto de prerrogativas dadas por lei a uma pessoa ou uma empresa a quem se atribui a criação de uma obra intelectual. Os direitos autorais vão ser, por sua vez, divididos em outros dois ramos: os *direitos morais*, referentes às leis que regem a autoria de uma obra e a sua integridade, ou seja, a possibilidade ou não de alterar uma dada criação; e os *direitos patrimoniais*, que regulam a produção e reprodução comercial dessa obra. Nesse período já se percebe que havia uma situação mais complexa na circulação de uma obra para muito mais pessoas; que, com isso, se passava a uma fruição menos coletiva e cada vez mais individual de bens culturais; e, também, que o autor de uma determinada obra pode ser identificado como aquele "que permite superar as contradições que podem se desencadear em uma série de textos"[4].

No final do século XIX e durante o século XX, quando essas noções se consolidam no senso comum e em um sistema legal de propriedade intelectual, são inúmeras as formas, em especial na arte e na contracultura, de contestar o estabelecido. "Preciso pagar a alguém para ler um livro?", "Sou dono deste texto?", "Quem disse que não posso usar um trecho de uma obra para fazer outra, ou para inventar uma nova forma de arte, novos bens culturais?". Alguns movimentos, vanguardas, artistas e coletivos enfrentam o *status quo* do direito autoral e da autoria e, por isso, se tornam defensores de uma cultura livre antes de o termo se popularizar, assim como há outros que questionam a condição de originalidade de uma dada obra numa época de propagação das máquinas técnicas de reprodução, como informado no capítulo 4: "Cultura recombinante".

O outro ramo em que se divide a propriedade intelectual é a chamada propriedade industrial. É ligada à produção e uso de determinados bens em escala industrial, o que amplia o controle legal da criação para processos, inven-

---

[4] Como Michel Foucault conceituou em seu conhecido ensaio "O que é um autor?", em 1969 em *Ditos e escritos*, v. 3.

ções, modelos, desenhos, identificados como obras utilitárias – ou seja, que são usadas para um determinado fim em um dado mercado, em oposição ao direito autoral, que rege a criação artística, científica, musical, literária e que, nessa concepção, não seriam utilitárias. As propriedades industriais têm como seu elemento registrador principal a patente, uma concessão pública – fornecida por algum órgão de Estado, portanto – para um dado titular explorar comercialmente, de modo exclusivo e limitado no tempo, uma determinada criação. Da lâmpada incandescente à máquina fotográfica de filme, do fonógrafo de Thomas Edison até o software, as patentes são monopólios de exploração comercial de uma ideia que geram muito dinheiro, por isso também muitas batalhas e questionamentos críticos, especialmente do século XIX em diante.

A expansão da tecnologia digital e sua quase onipresença na vida de boa parte dos mais de sete bilhões de pessoas que habitam o planeta Terra no século XXI resultam em condições ainda mais complexas de produção, circulação e comercialização de bens culturais. Com isso, outra noção que perpassa esta obra se torna ainda mais maleável: o que é cópia e o que é original, afinal? Se a internet somente funciona na base da cópia de dados e arquivos que são repassados e compartilhados, é possível controlar a reprodução de uma música milhões de vezes copiada e que, entretanto, continua a existir *igualmente* em todos as milhões de cópias? A discussão em torno do compartilhamento de arquivos na rede e suas consequências resulta, enfim, no capítulo 5: "Cultura livre", não por acaso o maior de todos.

Tradições milenares no Extremo Oriente e em alguns povos originários da América Latina nos mostram que o mundo não é só o que chamamos de Ocidente e que a perspectiva sobre o que é cópia, original, livre e coletivo tem diferenças significativas entre culturas diversas. São ideias que nos incitam a descolonizar nosso olhar ocidental aplicado às histórias, filosofias e modos de pensar as coisas e o mundo como conhecemos, e buscar modos diferentes de ver essas questões, como é o caso do conceito de *shanzai*, na China, sinônimo de produto falso, *fake*, mas também um jeito de ver os bens culturais como elementos sempre em transformação de acordo com cada contexto, objetivo e fim, sem uma única e sagrada origem. E também a perspectiva de alguns povos ameríndios que, ao não separar sujeito e objeto, tornam o vocabulário desenvolvido sobre propriedade e direito autoral insuficiente para ser usado com esses povos, como apresentado no capítulo 6: "Cultura coletiva". É a partir da mescla de algumas dessas experiências não ocidentais citadas e de uma visão desde o chamado sul global que, ao final desse capítulo, apontamos algumas alternativas para a propagação e a defesa de uma cultura livre hoje.

CAPÍTULO 1

CULTURA ORAL

Confio a você, Quinciano, meus livrinhos. Se é que posso chamar de meu o que um poeta amigo seu recita. Se eles se queixam de sua dolorosa escravidão, vá acudi-los por inteiro. E quando aquele se proclamar seu dono, diga que eles são meus e que foram libertados. Se você falar em voz alta três ou quatro vezes, fará com que o plagiário se envergonhe.

Marco Valério Marcial, *Epigramas*, séc. I

A imitação é essencial, a fabricação é perigosa, a matéria é propriedade coletiva.

Alguém, séc. I

As melhores ideias são de todos; portanto, dado que o que é de todos é também de cada um, toda verdade me pertence; tudo que há sido dito bem por alguém também é meu.

Sêneca, séc. II

O fortalecimento da atribuição divina à autoria se estabelece como o padrão na Idade Média a partir dos séculos VII e VIII; há uma tendência progressiva em considerar cada texto parte de um grande discurso, uma comunidade de linguagem que diluía o particular em uma significação geral propícia à antologia, a expressão estereotipada da (re)combinação de elementos preexistentes.

Kevin Perromat, *El plagio en las literaturas hispánicas*, 2010

I.

As artes produzidas na Antiguidade grega e romana não parecem ter prestado atenção especial à questão de propriedade ligada à cultura. Não há vestígios de referências a códigos jurídicos, proteções, sanções ou direitos sobre produção e circulação de obras culturais parecidos com os que temos hoje. Como escreve Kevin Perromat[5] em seu extenso estudo sobre o plágio na literatura hispânica, há diversos fatores que nos fariam deduzir que ambas as civilizações, com escritores, dramaturgos e filósofos que mais de dois mil anos depois ainda são conhecidos e lidos no mundo inteiro, com uma profusão de artistas, comerciantes e sobretudo juristas (em especial os romanos), poderiam ter buscado regulamentar a produção e a disseminação de bens culturais. Mas não o fizeram – ou o fizeram de uma forma de que não se guardaram registros até hoje. Por quê?

A primeira razão é que, nas civilizações grega e romana, as narrativas faziam parte de uma tradição comum, o que permitia recriações de acordo com os seus diversos

[5] Perromat, *El plagio en las literaturas hispânicas,* p.24.

porta-vozes e os contextos em que eram contadas. Não era possível rastrear suas origens exatas e muito menos impedir sua livre circulação. A criação poética, por exemplo, era de natureza fluida, e mesmo que o contador de uma dada história pudesse ser reconhecido, sua contribuição não era tida como fruto de sua individualidade, mas de uma cultura coletiva na qual ele estava mergulhado. Aquilo que poderia ter acrescentado ao poema não era registrado para a posteridade; não havia essa preocupação[6], assim como também não havia controle sobre a produção e a distribuição de uma obra.

Em uma sociedade predominantemente analfabeta, a finalidade de uma obra cultural – tanto uma peça de teatro quanto uma música ou um poema, mas também textos políticos – era a circulação pública em praças, teatros, ruas, púlpitos. Tanto a escrita quanto a leitura eram para poucos; as ideias e a cultura circulavam na voz – e na reapropriação – de cada um que falava. O filósofo grego Sócrates, um dos pais da filosofia ocidental e a quem conhecemos somente por meio do texto de outros, chega a dizer em *Fedro*, diálogo compilado por Platão em torno de 370 a.C., que a escrita era uma perda em relação ao discurso oral, segundo ele mais apropriado para manter o pensamento vivo. Sócrates falava da ameaça que a escrita representava para a manutenção das funções da memória, que ficaria subutilizada e perderia sua potência à medida que os registros fossem transferidos para o papel[7].

Não havia também uma sólida noção de autor, pelo menos no âmbito jurídico, o que só foi ocorrer a partir do

[6] Martins, *Autoria em rede: os novos processos autorais através das redes eletrônicas*, p.28.

[7] Ibidem, p.78.

século XVIII. A autoria era principalmente coletiva, atribuída a uma dada cultura ou aos deuses, fruto de uma inspiração divina ou de uma construção comunitária em que importava mais o conteúdo e o que ele poderia ensinar do que seu porta-voz. Homero, a quem se atribui a escrita dos clássicos *Ilíada* e *Odisseia* em torno dos séculos VIII e VII a.C., é um exemplo desse período: não existe evidência a respeito da data de criação dessas duas obras nem que houve uma pessoa chamada Homero que a escreveu. O relato da Guerra de Troia e dos diversos percalços da jornada de Ulisses de volta a sua Ítaca natal, eixos narrativos centrais de *Ilíada* e *Odisseia* respectivamente, são histórias que condensam uma visão de mundo e ensinamentos que representam um modo comum de pensar dos gregos, enraizados na cultura da época. Homero é um arquétipo, construído posteriormente, e que cumpria funções como a de um *horizonte linguístico* ou "pai e avô" dos poetas, uma figura quase mística a quem coube contar uma história que, conhecida e construída por muitos, era tida como de autoria de deuses, musas, entidades da natureza[8].

Com a difusão da escrita a partir do século VII a.C., surgem, em paralelo a um tipo de criação aberta e coletiva, registros de uma expressão individualizada e de um desejo de reconhecimento de autoria, que passava pela busca de uma primeira tentativa de controle da difusão de uma obra[9]. Um dos primeiros que tentam controlar a difusão de sua produção nesse período é Teognis, poeta grego que viveu no século VI a.C. e que trazia, em suas publicações manuscritas, a colocação de um selo: "Estes são versos de Teognis de Megarar". Sua intenção com essa

[8] Perromat, op. cit., p.24.

[9] Ibidem, p.30.

trademark (marca registrada) antiga não era a de obter lucro com a venda de suas obras, mas que não as modificassem e achassem que não eram suas, o que tiraria o reconhecimento pelo trabalho que realizava[10].

Nessa época, os autores compreendiam que a melhor forma de serem bancados por governantes e pela aristocracia grega era serem considerados "especialistas" e terem obras atribuídas a eles. Aqui entra uma segunda pista que explica o motivo de os gregos e romanos não terem prestado atenção especial à questão de propriedade ligada à cultura: a ausência de um mercado para bens culturais. Os autores não se sustentavam com a renda direta de suas obras; viviam prestando serviços de instrução para a aristocracia, conselhos para governantes, ensino de diversos temas – todas ações ligadas à presença e à comunicação oral. Na tradição discursiva greco-romana, as retribuições aos autores eram de ordem simbólica, de reconhecimento social de uma atividade que não deixava de ser elitista e aristocrática[11] – afinal poucos sabiam ler –, mas também de certos tipos de reconhecimentos indiretos, como premiações em concursos oficiais e vantagens materiais advindas dos prêmios.

II.

Na Grécia, no período conhecido como helenístico (IV a.C.-II a.C.), não havia um controle sobre o destino de um livro depois de lançado, seja em relação ao número de exemplares ou à modificação de seu conteúdo. Além de ser

---

[10] Ibidem, p.27, citando também um historiador do séc. III, Clemente de Alexandria (que teve sua obra publicada posteriormente: *Omnia quae extant opera*).

[11] Ibidem, p.29.

uma cultura que valorizava a fruição e a criação coletiva e oral, outro fator justificava essa falta de controle: o formato do livro da época. Este tinha um formato conhecido como *volumen*, composto de uma longa faixa de papiro ou pergaminho, que era lido à medida que desenrolado por alguém, com as duas mãos, podendo ter vários metros de comprimento e pesar alguns quilos. Formato pesado e caro, era de difícil reprodução, cuidado e armazenamento, o que tornava o livro um bem relativamente escasso à época, como se revela em textos de Aristóteles e de Platão[12].

O surgimento das primeiras bibliotecas no mundo greco-romano, a partir do século IV a.C., estabelece um começo para uma política de controle dos textos e manuscritos. Para controlar os textos e obter uma cópia, há necessidade de garantir o que é autêntico e o que não é, o que motiva as bibliotecas a pesquisar para atribuir corretamente a autoria das publicações[13]. Criada nesse período, a mítica Biblioteca de Alexandria, no Egito, foi uma das principais iniciativas que visavam organizar o conhecimento e a cultura produzida até então; faz isso a partir da seleção de um *cânone* de obras da cultura grega pelos sábios e bibliotecários identificados à chamada *Escola de Alexandria*[14]. A partir de um sis-

[12] Putnam, *Authors and their Public in Ancient Times*, citado em Perromat, op., cit., p.32.

[13] Long, Openness, Secrecy, *Authorship: Technical Arts and the Culture of Knowledge from Antiquity to the Renaissance*, p.30.

[14] Escola de Alexandria é uma designação coletiva para certas tendências em literatura, filosofia, medicina e ciências que se desenvolveram no centro cultural helenístico da cidade de mesmo nome, no Egito, durante os períodos grego e romano. Calímaco (310-240 a.C.) foi o principal bibliotecário, a quem se atribui a elaboração do catálogo da Biblioteca de Alexandria.

tema de edição crítica que comparava as distintas partes de uma obra buscando sua coerência textual, estabeleceram as versões que conhecemos de muitos textos da cultura grega, que seriam a base também para a "rústica Roma", que herda o "estofo cultural" dos gregos antigos e durante os séculos seguintes se apropria dessa cultura, mesclando-a com referências asiáticas e africanas.

Também em Roma se vê crescer o poder do nome do autor como uma chancela de credibilidade aos bens culturais produzidos, o que ainda não se traduz em proteção jurídica nem em controle do autor sobre a circulação de sua obra. É exemplar desse momento a história do poeta Virgílio, que, no século I a.C., foi contratado pelo imperador Augusto para criar uma epopeia da fundação de Roma aos moldes da *Ilíada* e da *Odisseia*. Tomando os poemas atribuídos por Homero como base, recria a jornada de Ulisses em Enéas, guerreiro que, após participar da Guerra de Troia, chega à Península Itálica e lá enfrenta uma série de aventuras para se estabelecer. É conhecida a história de que, ao final de sua vida, Virgílio ordenou a destruição da *Eneida* por considerá-la uma obra de propaganda política de Augusto e por não ter a perfeição poética que gostaria. Entretanto, a *Eneida* não foi destruída; seu direito como autor de controlar sua produção não foi respeitado, o que é representativo do sentimento de uma época em que o direito moral e estético da comunidade em desfrutar da obra do artista era prioritário à vontade do autor[15].

O pensamento comum da sociedade romana em relação à posse e à autoria dos bens culturais era manifestado em três conceitos identificados por um estudo clássico do

[15] Perromat, op. cit., p.32.

inglês Harold Ogen White[16]: "A imitação é essencial, a fabricação é perigosa, a matéria é propriedade coletiva". Essas noções podem ser vistas em expressões como "*Oratio publicata, res libera est*" ("o publicado pertence a todos"), atribuída a Quinto Aurélio Símaco, escritor da Roma do século IV d.C.; ou como a frase "as melhores ideias são de todos; portanto, dado que o que é de todos é também de cada um, toda verdade me pertence; tudo que há sido dito bem por alguém também é meu"[17], de Sêneca, filósofo e escritor do seculo I d.C.

No entanto, a busca pelo controle de autenticidade das obras passa, ao longo dos séculos seguintes, a provocar transformações que contrastavam com a cultura recombinante da tradição oral, que identificava as ideias e as obras como posse coletiva. Aparece entre alguns filósofos e escritores romanos do período, como Cícero, Horácio e Sêneca, a discussão em torno da ideia de que apenas a imitação por si só não é suficiente, é necessário que seja uma imitação criativa[18]. O plágio, enquanto discussão e enquanto palavra, surge nesse período a partir de Marco Valério Marcial (40-104). Protegido pela aristocracia e pelos imperadores, era um poeta bastante popular no período, mas, como todos os artistas seus contemporâneos, não vivia da venda de sua obra. Tornaram-se célebres suas tiradas satíricas e autorreferentes – algumas das quais falam em restringir o acesso aos seus escritos em troca de um pagamento, o que antecipa a ideia de obra de arte em

---

[16] White, *Plagiarism and Imitation During the English Renaissance: A Study in Critical Distinctions*, citado em Perromat, op. cit., p.44.

[17] Ibidem.

[18] Detalhadas, entre outros, nos já citados Putnam (1923), Long, op. cit.; e Perromat, op. cit.

termos mercantis[19]. Um registro de sua postura está em um de seus milhares de epigramas, uma espécie de comentário - curto como um *tweet* do século XXI - irônico, muitas vezes escatológico e obsceno, sobre alguém ou um fato: "O povo anda dizendo que você, Fidentino, recita meus livrinhos como se fossem seus. Se for falar que são meus, te envio grátis. Se seus, compre, pra que meus não sejam mais"[20].

Segundo Perromat[21], a Marcial se atribui a invenção do termo *plágio* no sentido moderno, já que antes esse tipo de ação, quando identificada, era nomeada como um "roubo" ou "furto" de ideias. O escritor romano cria a expressão a partir do verbo latino *plagiare*, que significa em latim "revender de modo fraudulento o escravo ou filho de alguém como próprio", delito que no período era punido com o açoitamento. Marcial usa o termo com o novo sentido em outro de seus epigramas: "Confio a você, Quinciano, meus livrinhos. Se é que posso chamar de meu o que um poeta amigo seu recita. Se eles se queixam de sua dolorosa escravidão, vá acudi-lo por inteiro. E quando aquele proclamar seu dono, diga que eles são meus e que foram libertados. Se você falar em voz alta três ou quatro vezes, fará com que o plagiário se envergonhe"[22].

---

[19] Perromat, op. cit., p.42.

[20] Marcial, *Epigramas*, em trad. Rodrigo Garcia Lopes.

[21] Perromat, op. cit.

[22] Tradução livre da versão em espanhol: "*Te encomiendo, Quinciano, mis libritos. Si es que puedo llamar míos los que recita un poeta amigo tuyo. Si ellos se quejan de su dolorosa esclavitud, acude en su ayuda por entero. Y cuando aquél se proclame su dueño, di que son míos y que han sido liberados [manu missos]. Si lo dices bien alto tres o cuatro veces, harás que se avergüence el plagiario*". Epigrama LIII, em Marcial, *Épi-*

Ainda assim, a discussão crescente em torno do plágio no período era feita no âmbito da moral e da estética, não no sentido legal ou criminal. Muitos dos debates intelectuais travados na sociedade romana da época traziam um crescente juízo negativo sobre a imitação sem criação, a cópia pura e simples, mas não chegaram a ser centrais na crítica literária romana[23]. Não há registro de leis que tenham sido feitas para regular ou punir essas práticas. Isso pode ter ocorrido, tanto na Grécia quanto em Roma, também pela dificuldade material da reprodução, um gargalo financeiro considerável para a circulação de obras tidas como plagiadas e que provavelmente não ajudou a estimular a criação de regras para isso. Outro fator é que os sistemas jurídicos da época não consideravam obras artísticas e seus suportes de maneiras separadas. Para os gregos, por exemplo, quem adquirisse uma obra – pelo custo financeiro, provavelmente uma biblioteca ou um membro da aristocracia – podia se servir e modificar a obra à vontade, sem que o autor tivesse qualquer interferência. A relação coletiva de posse dos bens culturais e a inexistência de leis que regulassem e punissem as práticas tidas como de roubo de ideias e publicações perdurou até o século XVI, quando, pela primeira vez, aconteceu uma concessão estatal (um monopólio) que garantia privilégios para imprimir um texto – para a Stationer's Company, na Inglaterra – e foi decretado o Estatuto de Anne, a primeira lei de propriedade intelectual, de 1710, também inglesa.

---

grammes, p. 70-1, traduzido do francês para o espanhol por Perromat, op. cit., p.47.

[23] Perromat, op. cit., p.43.

III.

O período que compreende o fim do Império Romano e a Alta Idade Média é o do advento do cristianismo e o confronto e posterior assimilação da civilização greco-romana. Para a produção cultural, o resultado foi diverso. Perromat e outros historiadores[24] afirmam que quase a totalidade das versões que conservamos hoje dos grandes escritores e pensadores de Grécia e Roma são adaptações e variações feitas nesse período, quando não falsificações que, depois, foram atribuídas a grandes figuras da Antiguidade em razão do prestígio que essa indicação, mais tarde, passou a trazer.

Outro elemento importante aqui para a mudança dos modos de produção e circulação de bens culturais nessa época se dá pela transformação do suporte material das obras. A queda de um império que se espalhava por quase toda a Europa que conhecemos hoje implica também ruptura de rotas comerciais e escassez de alguns recursos, caso do principal material utilizado na confecção dos livros no mundo greco-romano, o papiro, retirado da planta *Cyperus papyrus,* da família das ciperáceas. Material caro e de pouca resistência, vinha do comércio com o norte da África (principalmente Egito) e com o Oriente Médio, que diminuiu consideravelmente após a queda do Império Romano. Assim, por volta dos séculos IV e V, os livros passaram a ser produzidos principalmente em pergaminhos, nome dado a uma pele de animal, geralmente de cabra, carneiro, cordeiro ou ovelha, preparada para nela se escrever – material que, mesmo perecível e caro, passou a ser o principal

---

[24] Ibidem, p.50.

utilizado na fabricação de livros. Também nesse período, eles passam a não ser mais produzidos em rolos, mas em formato *códice*[25], próximo ao do livro como o conhecemos no século XX. O historiador Alberto Manguel fala que, no século XII, a tecnologia para a elaboração de um volume da Bíblia (Novo e Velho Testamento) necessitava de peles de cerca de duzentos animais[26].

A consolidação do cristianismo na Europa nos séculos seguintes traz algumas mudanças no que diz respeito também à identificação do autor. Em uma religião para a qual a Bíblia era o (único) livro sagrado e sua autoria[27] era, em última instância, de Deus, a vontade dos escritores e sua suposta singularidade – que chegou a fomentar discussões iniciais entre gregos e romanos – passou a depender da verdade de um único "autor", Deus. O fortalecimento da atribuição divina à autoria se estabelece como o padrão na Idade Média a partir dos séculos VII e VIII; há uma tendência progressiva em considerar cada texto parte de um grande discurso, "uma 'comunidade de linguagem' que diluía o particular em uma significação geral propícia à antologia, à expressão estereotipada da (re)combinação de

---

[25] Consiste de cadernos dobrados, costurados e encadernados, escritos em ambos os lados de uma folha numerada, formato até hoje padrão para a produção de livros.

[26] Manguel, *Uma história da leitura*, p.198.

[27] Conjunto de livros base do cristianismo e do judaísmo, a Bíblia é motivo de muitas disputas envolvendo autoria. Ao buscar a consolidação dos dogmas judaico-cristãos, muitos dos primeiros escritores bíblicos se basearam em outros textos, gregos e de outras regiões, compilando-os e adaptando-os na medida dos objetivos de evangelização da população – no que seriam bem-sucedidos nos séculos seguintes, conseguindo o espalhamento desses dogmas por boa parte do mundo. Ver: https://en.wikipedia.org/wiki/Bible.

elementos preexistentes"[28], uma modalidade de escritura e leitura com um caráter eminentemente coletivo.

Consolida-se um discurso em que diversas pessoas adaptam, com liberdade extrema, os textos (e aqui podemos dizer música e teatro também) para fins específicos, na maioria das vezes com objetivos de convencer, a partir de uma determinada ideia, e de estabelecer um exemplo moral e ético a ser seguido. Paul Zumthor, em seu *Essai de poétique médievale*[29], diz que o texto nesse período funciona de maneira independente de suas circunstâncias; o ouvinte (a grande maioria das obras aqui ainda oral ou oralizada) esperava apenas sua literalidade, ou seja: o significado da "mensagem", e não condenava alterações na forma que mantivessem esse significado – é mais provável que, diante ainda de uma maioria analfabeta, mudanças nem seriam percebidas. Assim, os autores medievais tinham por método o uso generalizado de materiais de outros por meio de alusão, interpolação ou paráfrases e, na maioria das vezes, não especificavam sua origem. Fragmentos consideráveis de textos, às vezes muito anteriores, foram simplesmente insertados em novas obras, poemas preexistentes foram integrados por inteiro em composições literárias[30]. Sem documentação e sem conhecimento do cânone de autores da época, algumas dessas citações e inserções jamais seriam reconhecidas.

A partir do século V, o cristianismo passou não apenas a ser a fé mais difundida no Ocidente como também a reger as obras culturais do período. Uma das consequências desse controle foi o desaparecimento na Europa ocidental,

---

[28] Perromat, op. cit., p.60.

[29] Zumthor, *Essai de poétique médiévale.*

[30] Ibidem.

entre os anos 500 e 700, de diversas obras clássicas gregas e romanas – em Bizâncio (Constantinopla, atual Istambul, na Turquia) e territórios de maior influência islâmica ao sul e leste do continente essas obras permaneceram. Ao substituir as obras julgadas prescindíveis (pagãs em sua maioria) por outras de caráter religioso, aqueles que passaram a deter tanto os meios de produção quanto os conhecimentos para publicar e controlar os bens culturais – a Igreja e os monges copistas medievais, no caso dos livros – contribuíram para reduzir o cânone dos autores da Antiguidade[31]. Nesse sentido é que se fala até hoje da Idade Média como um período de apagão cultural, dominado por interesses cristãos, embora essa imagem seja questionada faz tempo por historiadores como o francês Patrick Boucheron, que lembra o período como a "adolescência da modernidade, sua idade ingênua ou revoltada" e diz que, ao olhar a dita "Idade das Trevas" mais de perto, é possível ouvir o "tilintar estridente de um ruído alegre e desordenado"[32]. Somente a partir dos séculos XIV e XV é que certa tradição clássica seria reintegrada à tradição europeia, através especialmente de regiões comerciais que

---

[31] Para uma mostra de obras perdidas nesse período, ver Diringer, *The Book Before Printing: Ancient, Medieval and Oriental.*

[32] Em Boucheron, *Como se revoltar?* Ao examinar em detalhes, como faz o historiador francês nesse pequeno livro sobre o ato de se revoltar na Idade Média, podemos encontrar alguns fatos que apontam para a sobrevivência de resquícios de uma certa tradição culta e de revolta aos dogmas religiosos nesse período. É o caso também de obras de Carlo Ginzburg como *O queijo e os vermes* e *Os andarilhos do bem* e do que se convencionou chamar de micro-história. Infelizmente, como pouca documentação dessa época sobreviveu, o resgate é um trabalho árduo e lento.

mantiveram influência asiática, islâmica e bizantina, caso do sul da Península Ibérica e de regiões italianas como Sicília, Nápoles e Veneza.

CAPÍTULO 2

CULTURA IMPRESSA

Tudo o que me foi escrito sobre aquele homem maravilhoso visto em Frankfurt é verdade. Não vi Bíblias completas, mas apenas uma série de cadernos não costurados ou vários livros da Bíblia. A tipografia era muito elegante e legível, nem um pouco difícil de seguir – Vossa Graça seria capaz de lê-la sem esforço, e inclusive sem óculos.

Enea Silvio Bartolomeo Piccolomini,
futuro papa Pio II, em carta ao
cardeal Carvajal, 1455

Considerando que impressores, livreiros e outras pessoas que nos últimos tempos conquistaram a liberdade de impressão, reimpressão e publicação, fizeram que se imprimissem, reimprimissem e publicassem livros e outros escritos sem o consentimento dos autores ou proprietários desses livros e escritos, para o seu grande prejuízo, e com demasiada frequência para a ruína deles e de suas famílias: para evitar, portanto, tais práticas para o futuro e para incentivar os homens instruídos a compor e escrever livros úteis; que por favor de Vossa Majestade, possa ser promulgado este Estatuto.

Estatuto de Anne, Inglaterra, 1710

Não há motivo para dar agora um período maior, de modo a nos obrigarmos a dá--lo novamente sucessivamente, conforme os anteriores forem expirando; se esse projeto passar, ele irá em suma criar um monopólio perpétuo, uma coisa extremamente odiosa aos olhos da lei; ele será uma grande obstrução para os negócios, uma barreira para o aprendizado, que não retornará nenhum benefício aos autores, mas sim uma taxa pesada ao público, apenas para aumentar os ganhos privados dos livreiros.

Parlamento inglês, negando o pedido dos livreiros para aumentar a extensão do prazo dos direitos autorais, 1735

O copyright pertence ao autor; o autor, no entanto, não possui máquinas de impressão; as máquinas pertencem aos editores; assim, o autor necessita do editor. Como regular essa necessidade? Simples: o autor, interessado em que a obra seja publicada, cede os direitos ao editor por um determinado período. A justificativa ideológica não se baseia mais em censura, mas na necessidade do mercado.

Wu Ming, *Notas inéditas sobre copyright e copyleft*, 2005

I.

Por volta de 1455, o futuro papa Pio II, Enea Silvio Bartolomeo Piccolomini, andava pelas ruas da região de Frankfurt, na Alemanha, quando avistou uma vitrine com vários cadernos impressos de um texto que conhecia muito bem. Em carta ao cardeal Carvajal, ele assim relatou o episódio: "Tudo o que me foi escrito sobre aquele homem maravilhoso visto em Frankfurt [*sic*] é verdade. Não vi Bíblias completas, mas apenas uma série de cadernos não costurados ou vários livros da Bíblia. A tipografia era muito elegante e legível, nem um pouco difícil de seguir – Vossa Graça seria capaz de lê-la sem esforço, e inclusive sem óculos"[33]. A chamada "Bíblia de Gutenberg", também

[33] "*All that has been written to me about that marvelous man seen at Frankfurt is true. I have not seen complete Bibles but only a number of quires or various book of the Bible. The script was very neat and legible, not at all difficult to follow – your grace would be able to read it without effort, and indeed without glasses.*" Disponível em:

conhecida como "Bíblia de 42 linhas", foi impressa pela primeira vez em 1455 e teve entre 158 e 180 cópias. Consistia do Velho Testamento Hebreu e do Novo Grego, tal qual a Bíblia cristã é conhecida hoje, escritos em latim, com 42 (em algumas, 40) linhas, impresso parte em pergaminho, parte em papel comum tamanho *double folio*, com duas páginas em cada lado do papel (quatro páginas por folha).

Nascido em Mainz, sudeste da Alemanha, em 1398, o homem chamado Johannes Gensfleisch zur Laden zum Gutenberg foi joalheiro e hábil negociante antes de trabalhar com impressão e desenvolver o processo que facilitaria a expansão das ideias de maneira muito mais rápida do que existia até então. O sistema de tipos móveis com que Gutenberg imprimiu a Bíblia, e que se popularizou a partir desse período, não era – como nunca é – uma invenção a partir do nada. O processo de produção manual de livros passava, desde o século XII, a ter modificações consistentes; os papéis voltaram a circular pela Europa, e as prensas, grandes blocos de madeira que adquiriam tinta e gravavam em uma superfície, começaram a tornar a impressão um processo industrial mais rápido que as mãos dos monges copistas e mais baratos que os antigos livros de papiro da Antiguidade[34]. As contribuições de Guten-

---

http://self.gutenberg.org/articles/Gutenberg_Bible. Tradução minha.

[34] Na China, há registros de usos de formas de impressão semelhantes às de Gutenberg desde o século XI; Bi Sheng, em 1040, havia usado os tipos móveis para imprimir em argila, material pouco resistente e facilmente quebrável; Wang Zhen, em 1298, trabalhou com um sistema móvel, ainda esculpido em madeira, um pouco mais resistente que a argila. A impressão em madeira, técnica conhecida como xilogravura, era amplamente utilizada na China desse período e consta que, dada a

berg ao sistema já usado na época para impressão foram principalmente a invenção de um processo de produção em massa de tipo móvel, feito a partir de uma liga que incluía chumbo, estanho e cobre e era passível de ser reutilizável; o uso de tinta à base de óleo, que se adaptava melhor a um papel mais macio e absorvente testado por ele; e o uso de um modelo de prensa que era similar à de parafuso utilizada na agricultura do período, portanto um objeto que era mais familiar ao cotidiano agrário da região.

O surgimento do processo de produção em massa de publicações, que hoje chamamos imprensa, acelerou um processo de popularização da cultura escrita[35]. Os avanços propiciados pela impressão facilitaram a difusão de ideias de todo tipo, não apenas as de cunho litúrgico e religioso que predominavam na época. A circulação crescente de publicações potencializou a criação de leitores e passou a mudar os hábitos de fruição de bens culturais. Foi um início, aos poucos, da troca da experiência coletiva oral, baseada na performance de quem a apresentava e no conteúdo que se quer transmitir, pela experiência individual, silenciosa e isolada, gravada em papel de forma mais dura-

---

peculiaridade dos caracteres chineses, continuava sendo a mais eficiente e barata forma de imprimir. Ver Briggs; Burke, *Uma história social da mídia: de Gutenberg a Diderot*; e Tsien Tsuen-Hsuin; Joseph Needham. *Paper and Printing: Science and Civilisation in China*, v. 5, p.158.

[35] É interessante notar aqui, como faz Eisenstein, em *The Printing Revolution in Early Modern Europe*, e Martins, em *Autoria em rede*, que a passagem do livro manuscrito para o livro impresso não se deu de forma imediata; "ao contrário, foi um processo de negociação e mixagem entre duas linguagens, o que reforça a teoria de que a criação de um novo meio se dá pela remediação de um meio anterior" (Martins, op. cit., p.68).

doura e fixa do que aquela ao ar livre, acostumada à liberdade de acréscimos, apropriações e improvisos diversos de quem a apresentava. "A tendência a atitudes mais individualistas foi estimulada pela possibilidade de impressão, que ajudou ao mesmo tempo a fixar e difundir textos"[36].

A ampliação da circulação de publicações impressas e o estímulo a um individualismo propiciado pela possibilidade de leitura solitária se aglutinaram a um humanismo renascentista para também modificar a ideia de autoria de até então. Se, durante boa parte da Idade Média, a cultura era oral e a autoria era coletiva e difusa, expressão de um desejo divino ou arraigado em uma dada cultura popular, e os livros tinham sua circulação restrita à produção artesanal das igrejas, agora havia elementos para a transformação da concepção do que seria o autor de uma obra. Ao deslocar o homem para o centro (antropocentrismo) do mundo, o humanismo passava a valorizar a noção de originalidade e individualidade, o que era expresso no apreço ao *estilo* e no reconhecimento de uma abordagem inovadora de cada autor, em contraponto à forte dependência textual da tradição típica das obras da Idade Média[37]. Tendo um autor individual identificado, as publicações também passavam a se tornar mais fechadas, com menor abertura a acréscimos ou comentários, como até então costumava ocorrer nas *marginálias* dos livros medievais.

Antes da popularização da impressão por tipos móveis, a produção de um livro era uma empreitada difícil, cara e artesanal, praticamente restrita ao âmbito da Igreja Católica e seus monges copistas. Após Gutenberg, o livro podia ser impresso em escala industrial, por comerciantes e em-

---

[36] Briggs; Burke, op. cit., p.140.

[37] Ibidem, p.116.

presários que tivessem dinheiro para comprar as máquinas necessárias e organizar seus modelos de produção, o que já era uma mudança considerável no sistema de circulação de conhecimento da época: possibilitava a difusão de ideias, bens culturais e informações para além do controle da Igreja. Não à toa, é nesse período que ocorre a Reforma Protestante, movimento religioso que questionou os dogmas do catolicismo da época, inaugurado a partir das famosas 95 Teses escritas por Martinho Lutero em Wittenberg, na Alemanha, em outubro de 1517. As pequenas oficinas de impressão, muitas vezes clandestinas, foram as artérias de difusão das ideias reformistas por toda a Europa.

A *galáxia* (ou *revolução*) aberta por Gutenberg intensificou também a ideia de um mercado para bens culturais e deu a estes características determinadas conforme as condições de produção em massa. Imprimir um livro ainda era um processo caro, que necessitava de um montante considerável de dinheiro para existir. Mas, com a novidade da imprensa por tipos móveis, tornou-se também um negócio lucrativo; um único livro, que demoraria meses para ser produzido artesanalmente nos monastérios, passou a virar 500, 1.000 ou mais exemplares impressos em poucos dias e distribuído nas principais cidades da época, o que gerou uma potente rede que atraiu banqueiros para financiar os impressores, vendedores para comercializar as obras, caixeiros-viajantes para transportá-las e novos leitores, muitas vezes alfabetizados a partir das publicações que passaram a circular no período.

Como a Igreja e as monarquias europeias não queriam perder o controle da propagação de ideias, os conflitos foram inevitáveis. No primeiro caso, o medo do espalhamento dos princípios da Reforma Protestante ocasionou perseguições a diversos impressores da época, o que anos depois gerou a criação, em 1559, do *Index*, lista de publicações consideradas heréticas e que eram proibidas pela Igreja Católica, com seus editores cassados[38]. A criação de um mercado de publicação, por sua vez, fez os governos monárquicos da época instituírem regras para controlar as relações entre quem escrevia um livro, quem vendia e quem o lia. Até então, qualquer pessoa que tivesse acesso a uma máquina de impressão ou a alguém que a tivesse podia imprimir cópias do que bem entendesse sem ninguém reivindicar legalmente exclusividade de produção e circulação das obras a serem impressas. Aliás, era comum que uma obra, bem vendida em uma dada região, fosse publicada como novidade em outra a partir de traduções e adaptações diversas sem nenhum tipo de controle. Numa época em que, na Europa, Portugal, Espanha, Inglaterra e França começavam a se organizar enquanto Estados-nações e as atuais Alemanha, Itália, Bélgica, Áustria, Polônia, entre outras, eram divididas em centenas de cidades-Estados independentes, não havia legislações que regulassem a circulação das obras em todas essas regiões; quando muito, cada cidade ou região contava com suas próprias regras, que não valiam para outras. Não havia nenhuma distinção entre o que seria uma obra "oficial" e uma "pirata".

[38] Promulgada pelo papa Paulo IV, Gian Pietro Carafa, seria uma lista mantida até o século XX, só sendo suspensa em 1966. Sobre as ações de censura e perseguição aos editores e pastores radicais da Reforma Protestante por Carafa, o grandioso romance *Q: o caçador de hereges*, de Luther Blisset (1999), publicado no Brasil em 2002 pela Conrad, é uma excelente fonte.

II.

Coube à República de Veneza e à Inglaterra os primeiros trabalhos mais consolidados de oferecer licenças exclusivas a alguns editores para a publicação de determinados livros. Na cidade italiana, conhecida pelo ativo comércio marítimo com asiáticos, árabes, bizantinos, africanos e pela circulação diversa de nobres, banqueiros, marinheiros, marginais e vendedores dos mais variados locais, em 1486 foi estabelecido o primeiro privilégio para a publicação exclusiva de um livro. A obra escolhida, *Rerum venetarum ab urbe condita opus*, é um compêndio de história da *Sereníssima*, como era conhecida Veneza, escrita por Marcus Antonius Coccius Sabellicus, historiador italiano, a quem o conselho que geria a cidade concedeu uma permissão especial para escolher um único editor do livro no território veneziano[39]. Alguns anos depois, os privilégios reais a determinados impressores se consolidaram para mais obras em Veneza (1498) e se propagaram também para outras cidades italianas, como Florença e Roma, assim como na França e outras cidades-Estados alemãs, tendo um mesmo objetivo: garantir a certos impressores a exclusividade de publicação de determinados livros, a fim de que somente eles pudessem lucrar com sua comercialização[40].

Na Inglaterra, 1557 é o ano das primeiras licenças dadas a impressores, concedidas pela rainha Mary a um grupo de Londres conhecido como Stationers Company,

---

[39] Em Armstrong, *Before Copyright: The French Book-Privilege System 1498-1526.*

[40] Em Martins, op. cit., p.38, e também Woodmansee, *The Author, Art, and the Market: Rereading the History of Aesthetics.*

formado ainda em 1403[41] por artesãos envolvidos na circulação e venda de livros e outros materiais de impressão. Por serem um dos primeiros grupos organizados a trabalhar no novo negócio, pressionaram a monarquia inglesa para ter exclusividade de produção e venda de publicações, e conseguiram um privilégio que, na prática, deu à Stationers Company o monopólio da cópia e circulação de livros. A partir de então, passaram a poder ser impressas legalmente na Inglaterra somente obras que possuíssem autorização real e que estivessem listadas no registro oficial em nome de um editor ligado à companhia. Era um direito de copiar (*right to copy*) garantido a alguns impressores, que, com isso, tornavam-se os únicos com privilégios sobre determinadas obras. Não havia menção a direitos patrimoniais, morais ou estéticos dos autores de uma determinada obra.

Depois de um século e meio de monopólio, a Stationers Company foi cada vez mais ameaçada pelos livreiros de províncias afastadas de Londres – escoceses e irlandeses principalmente. A companhia então pediu ao Parlamento inglês uma nova lei para alargar o seu direito exclusivo sobre a cópia de livros. A resposta foi a criação do Estatuto de Anne, aprovado em 1710 pelo Parlamento britânico e considerado a primeira lei de copyright do mundo e base para uma parte das legislações até hoje, mais de três séculos depois. Foi um duro golpe contra o privilégio da Stationers Company, porque a lei proclamou os autores (e não mais os editores) como os proprietários das suas obras. O texto da lei começava assim:

---

[41] Como consta na página oficial da organização, até hoje em atividade, disponível em: https://www.stationers.org/company/history-and-heritage.

> Considerando que impressores, livreiros e outras pessoas que nos últimos tempos conquistaram a liberdade de impressão, reimpressão e publicação, fizeram que se imprimissem, reimprimissem e publicassem livros e outros escritos sem o consentimento dos autores ou proprietários desses livros e escritos, para o seu grande prejuízo, e com demasiada frequência para a ruína deles e de suas famílias: para evitar, portanto, tais práticas para o futuro e para incentivar os homens instruídos a compor e escrever livros úteis; que por favor de Vossa Majestade, possa ser promulgado este Estatuto.[42]

Antes exclusividade dos membros da Stationers Company, os direitos sobre a impressão e reimpressão de livros passaram a ser do autor - ou de outra pessoa para quem ele escolhesse licenciar - assim que fosse publicado. Uma limitação importante era que a lei dava esse direito apenas por um certo tempo: 14 anos, renovável apenas uma vez se o autor estivesse vivo; e 21 anos para obras publicadas até aquele momento. No final desse período, o copyright expirava e a obra então era livre para ser publicada por qualquer um. A punição para quem não cumprisse o estatuto era a destruição das cópias e o pagamento de multas ao proprietário dos direitos.

---

[42] No original em inglês: "*Whereas Printers, Booksellers, and other Persons, have of late frequently taken the Liberty of Printing, Reprinting, and Publishing, or causing to be Printed, Reprinted, and Published Books, and other Writings, without the Consent of the Authors or Proprietors of such Books and Writings, to their very great Detriment, and too often to the Ruin of them and their Families: For Preventing therefore such Practices for the future, and for the Encouragement of Learned Men to Compose and Write useful Books; May it please Your Majesty, that it may be Enacted this Statute*". Disponível em: https://en.wikipedia.org/wiki/Statute_of_Anne. Tradução minha.

Para alguns pesquisadores e historiadores de direito autoral, a intenção da lei era derrubar o monopólio da Stationers Company – e não dar os direitos da cópia e impressão ao autor. Havia uma pressão de diversos lados para cercear o monopólio da companhia, acusados de "vender a liberdade da Inglaterra para garantir seus ganhos"[43]. O escritor inglês John Milton, autor de *Paraíso perdido* (1667), dizia à época que os impressores da Stationers Company eram "monopolizadores do negócio de venda de livros, homens que nunca tinham trabalhado em profissões honestas e desprezavam o aprendizado"[44]. O notório poder que os livreiros exerciam sobre a disseminação do conhecimento através dos monopólios estaria prejudicando sua livre propagação.

Ao aprovar o Estatuto de Anne, o Parlamento britânico também buscava aumentar a competição entre os livreiros e, com isso, em tese, fomentar a maior circulação de publicações. Nessa perspectiva, limitar o período do copyright foi necessário para garantir que as publicações iriam tornar-se abertas para qualquer distribuidor publicá-las após um certo tempo. "A definição de um tempo para as obras existentes de apenas 21 anos era uma forma de lutar contra o poder dos livreiros, uma forma indireta de garantir a competição entre os distribuidores e, portanto, a construção e ampliação da cultura"[45].

---

[43] Como conta o advogado e professor Lawrence Lessig em *Cultura livre: como a grande mídia usa a tecnologia e a lei para bloquear a cultura e controlar a criatividade*, p.90.

[44] Wittenberg, *The Protection and Marketing of Literary Property*, citado em Lessig, op. cit., p.80.

[45] Lessig, op. cit., p.80.

III.

Promulgado na Inglaterra, o fato é que o Estatuto de Anne não foi imediatamente obedecido. Nasceu como uma lei que, talvez pela novidade da concepção que introduziu, teve suas interpretações disputadas nos tribunais ainda por muitas décadas, o que dá uma amostra, relevante ainda hoje, de quais interesses estão em jogo quando se fala nos confrontos entre produtores, intermediários e público. A Stationers Company e outros livreiros surgidos depois ignoraram a legislação e continuaram a insistir no direito perpétuo de controlar suas publicações como bem entendessem por décadas.

Em 1735, já passados os primeiros 21 anos de expiração de obras segundo o Estatuto (1710 + 21), os livreiros buscaram persuadir o Parlamento a estender os períodos, para legalizar a exploração comercial das obras por mais tempo. O texto em que o Parlamento comunicou sua decisão – negativa – traz um certo *zeitgeist* (espírito do tempo) de crítica aos monopólios, sobretudo os da Coroa inglesa, bastante presente no país nos séculos XVII e XVIII. Vale lembrar que a chamada Guerra Civil Inglesa (1642-1651), raro período em que a Inglaterra não teve um monarca como seu principal governante, foi em parte ocasionada pelas práticas da Coroa em sustentar monopólios:

> Não há motivo para dar agora um período maior, de modo a nos obrigarmos a dá-lo novamente sucessivamente, conforme os anteriores forem expirando; se esse projeto passar, ele irá em suma criar um monopólio perpétuo, uma coisa extremamente odiosa aos olhos da lei; ele será uma grande obstrução para os negócios, uma barreira para o aprendizado, que não retornará nenhum benefício aos autores, mas sim uma taxa pesada

> ao público, apenas para aumentar os ganhos privados dos livreiros.[46]

Sem conseguir a extensão do período inicial de copyright, os editores ainda seguiram em disputas nos tribunais ingleses por algumas décadas. Na defesa nos processos movidos contra uns e outros, passaram também a evocar os direitos que os autores teriam sobre as obras como estratégia de argumentação para garantir a exploração comercial de suas publicações por mais tempo. Usavam de artimanhas jurídicas para isso, como mostra um dos mais famosos casos desse período, Millar *vs.* Taylor, em 1769. Millar era um livreiro atuante em Londres associado à Stationers Company que, em 1729, comprou os direitos de cópia para o poema do escritor James Thomson *As estações*, pagando à época £105. Após o término do período de copyright, 14 anos segundo o Estatuto de Anne, Robert Taylor, outro editor inglês, começou a vender uma edição dos poemas nos mercados londrinos que competia com a de Millar – que não gostou e, com apoio da companhia da qual fazia parte, processou Taylor. A argumentação jurídica usada no processo foi a de que Millar, tendo pago o autor, detinha o direito perpétuo sobre a obra.

Um conhecido juiz inglês, Lorde Mansfield, deu ganho de causa a Millar. No seu entender, qualquer proteção dada pelo Estatuto de Anne aos livreiros não anulava os direitos da *common law* inglesa, um sistema jurídico em que decisões judiciais e leis precedentes – chamadas jurisprudências – tinham maior peso que atos legislativos ou executivos, caso do estatuto. Nesse sistema, uma decisão a ser tomada num caso depende de outras medidas adota-

[46] Citado em Lessig, op. cit., p.81.

das para casos anteriores, ficando a cargo do juiz a decisão final. Caso o juiz não veja uma jurisprudência adequada para a situação, ele então tem o poder de criar uma e estabelecer um precedente, que passa a ser chamado de *common law* e vincula todas as decisões futuras.

No caso Millar *vs.* Taylor, o direito perpétuo dos editores de copiar, imprimir e reimprimir uma obra foi visto como uma *common law* pelo juiz Mansfield. Alegava que essa lei garantiria uma proteção do autor contra futuros editores "piratas", o que, na interpretação usada no processo, poderia impedir que a segunda edição de *As estações* feita por Taylor fosse publicada sem a permissão do editor da primeira, Millar. A decisão do juiz Mansfield tornava inútil o Estatuto de Anne e dava aos livreiros um direito perpétuo de controlar a publicação de todos os livros de que detivessem os *copyrights.*

Cinco anos depois, porém, a decisão foi revogada em outro caso famoso da época, Donaldson *vs.* Beckett[47]. Millar morreu pouco depois de sua vitória e vendeu seu espólio para um sindicato de distribuidores de livros, que incluía um indivíduo chamado Thomas Beckett. Do outro lado, Alexander Donaldson era um livreiro escocês que publicava edições baratas de obras cujo período do copyright tivesse expirado, o que o fazia ser considerado um editor "pirata" pelos ingleses de Londres. Após a morte de Millar, o escocês lançou uma edição não autorizada dos trabalhos do poeta Thomson; Beckett, baseando-se na decisão anterior favorável a Millar, obteve um mandado judicial contra ele. Donaldson então apelou para a Câmara dos Lordes, uma espécie de Suprema Corte da época

[47] Detalhado em Lessig, op. cit., p.83.

que tomava decisões que não raro mobilizavam "torcidas" em ambos os lados. Por uma maioria de dois para um, a Câmara dos Lordes decidiu por Donaldson contra o argumento dos copyrights perpétuos - que, cinco anos antes, o juiz Mansfield tinha acatado em prol de Millar. Os lordes agora aceitaram a alegação dos advogados do livreiro escocês: quaisquer direitos que tenham existido antes, baseados na *common law*, haviam terminado com o Estatuto de Anne, que então passava a ser a única regulação jurídica para o direito de cópia de publicações impressas. Após o período definido pelo estatuto (14 ou 21 anos, dependendo do caso) ter expirado, os trabalhos que estavam originalmente protegidos - os de autores como William Shakespeare e John Milton, por exemplo - perdiam tal proteção e podiam ser usados, adaptados e comercializados livremente, pois entravam em *domínio público* - uma noção que, embora existente desde os gregos e romanos[48], passou nesse momento a ser validada pela primeira vez na história do sistema jurídico anglo-saxão.

---

[48] Há diferentes versões da origem da ideia de domínio público no Ocidente. Uma das mais aceitas remete aos direitos de propriedade em Roma, onde havia definições de *res nullius* ("coisas que não podem ser apropriadas"), *res communes* ("coisas que poderiam ser comumente apreciadas pela humanidade, como o ar, a luz solar e o oceano"), *res publicae* ("coisas que foram compartilhadas por todos os cidadãos") e *res universitatis* ("coisas que eram de propriedade dos municípios de Roma"). O termo tem origem nesses conceitos e foi disputado com outros semelhantes, como *publici juris* ou *propriété publique*, no século XVIII, até se espalhar e ser adotado legalmente a partir da Convenção de Berna (ver próximo capítulo). Sobre a origem do domínio público, ver Huang, *On Public Domain in Copyright Law, Frontiers of Law in China*, v.4, p.178-95, e Torremans, *Copyright Law: a Handbook of Contemporary Research.*

IV.

A noção de copyright que surgiu no tempo do Estatuto de Anne era específica: proibia a outros reeditar um livro impresso. Era um direito ligado a um bem que, por sua vez, se relacionava diretamente a uma tecnologia que o produzia – na época, máquinas de impressão de tipos móveis. Na Inglaterra do século XVIII, o copyright ainda se limitava a determinar quem, e por quanto tempo, poderia copiar e distribuir um bem cultural no formato impresso. Não mencionava direitos aos autores, como a remuneração pela obra ou a possibilidade de adaptação desta, nem citava outras artes ou suportes. Embora os livreiros ingleses evocassem a proteção do autor em suas defesas jurídicas, tratava-se mais de uma artimanha para proteger interesses de certos grupos que começavam a se industrializar do que um sistema jurídico de proteção a quem criava[49].

Para o coletivo italiano Wu Ming, a lei de copyright no Estatuto de Anne surgiu da necessidade de censura preventiva e restrição do acesso aos meios de produção cultural – da contenção, portanto, da circulação de ideias. A intenção dos impressores ao buscar a construção do Estatuto de Anne pelo Parlamento inglês seria a de reconhecer a legitimidade dos seus interesses e criar uma legislação que trabalhasse a seu favor. O argumento aqui é: "o copyright pertence ao autor; o autor, no entanto, não possui máquinas de impressão; as máquinas pertencem aos editores; assim, o autor necessita do editor. Como regular essa necessidade? Simples: o autor, interessado em que a obra seja publicada, cede os direitos ao editor por um de-

[49] Wu Ming, *Notas inéditas sobre copyright e copyleft*, op. cit.

terminado período. A justificativa ideológica não se baseia mais em censura, mas na necessidade do mercado"[50].

A criação de um sistema que regulasse não apenas os direitos exclusivos de copiar, imprimir e vender uma dada obra, mas também a *propriedade* das ideias, viria praticamente no mesmo período, mas do outro lado do canal da Mancha.

[50] Nimus, *Copyright, copyleft e os creative anti-commons*, p.42.

CAPÍTULO 3

CULTURA PROPRIETÁRIA

Sente-se que não pode haver qualquer relação entre a propriedade de uma obra e a de um campo, que pode ser cultivado por apenas um homem, ou de um móvel que serve apenas a um homem; por conseguinte, a propriedade exclusiva é fundada sobre a natureza da coisa. Assim, a propriedade literária não é derivada da ordem natural, e defendida pela força social, mas é uma propriedade fundada pela sociedade mesma. Não é um verdadeiro direito, é um privilégio.

Marquês de Condorcet, *Fragmentos sobre a liberdade de imprensa*, 1776

Se a natureza produziu uma coisa menos suscetível de propriedade exclusiva que todas as outras, essa coisa é ação do poder de pensar que chamamos de ideia, que um indivíduo pode possuir com exclusividade apenas se a mantiver para si mesmo. Mas, no momento em que a divulga, ela é forçosamente possuída por todo mundo e aquele que a recebe não consegue se desembaraçar dela. Seu caráter peculiar também é que ninguém a possui de menos, porque todos os outros a possuem integralmente. Aquele que recebe uma ideia de mim recebe instrução para si sem que haja diminuição da minha, da mesma forma que quem acende um lampião no meu, recebe luz sem que a minha seja apagada.

Thomas Jefferson, em carta a Isaac McPherson, 1813

I.

A noção de que alguém teria a posse sobre uma ideia, tornada comum na sociedade ocidental nos séculos seguintes, tanto à época quanto hoje, ainda tem algo de estranho: como você pode ser *dono* de algo que eu continuo tendo? Isso é roubo por quê? Entendemos mais facilmente a ideia de roubo quando, por exemplo, pego uma pimenta da cozinha de sua casa. Estou pegando algo, um vidro contendo pimenta, e, após esse ato, você não vai mais ter essa pimenta na sua cozinha. Mas o que estou roubando se, após provar a sua pimenta em um prato que você fez, eu tomo a *ideia* de usar essa pimenta em um prato e vou à feira comprar um vidro de pimenta igual ao que você possui? O que estaria roubando aqui[51]?

Sabemos que ideias, histórias, canções, poemas, peças de teatro não têm a mesma natureza de objetos materiais como terras, casas, veículos, moinhos, arados, joias. Podemos, por exemplo, escutar a reprodução de uma músi-

---

[51] Essa comparação foi remixada de Lessig, op. cit., p.95.

ca por algum aparelho em um dado lugar ao mesmo tempo que o criador da música a toca em outro – e isso não priva nem atrapalha a audição de ambos. "Aquele que recebe uma ideia de mim recebe instrução para si sem que haja diminuição da minha, da mesma forma que quem acende um lampião no meu, recebe luz sem que a minha seja apagada", disse Thomas Jefferson, considerado um dos pais fundadores dos Estados Unidos, presidente do país entre 1801 e 1809, em uma carta de 1813[52]. Se as ideias são livres, não concorrentes, virais, associadas e combinadas umas às outras sejam quais forem seus territórios ou origens, modificando-se de acordo com o uso e a criatividade de cada um tal qual o fogo, por que transformá-las em *propriedade intelectual*[53]?

---

[52] Na versão original, em inglês: "*He who recieves an idea from me, recieves instruction himself, without lessening mine; as he who lights his taper at mine, recieves light without darkening me*". Carta de Thomas Jefferson a Isaac McPherson, 1813. Disponível em: https://founders.archives.gov/documents/Jefferson/03-06-02-0322. "Essa passagem é muito citada como argumento contrário à propriedade intelectual, mas a intenção de Jefferson é apenas mostrar que a propriedade intelectual não é natural – o que não impede [e ele é um defensor disso] que ela seja instituída pela sociedade" (Ortellado, *Porque somos contra a propriedade intelectual*, p.29).

[53] As disputas nos tribunais ingleses em torno do copyright no século XVII, citadas no capítulo anterior, usavam a expressão *propriedade literária*. A expressão em inglês *intellectual property* passa a ser usada algum tempo depois; segundo o *Oxford English Dictionary*; seu primeiro registro é o de um artigo de 1769 num periódico conhecido na época, *Monthly Review*, ao passo que o uso com o significado que conhecemos hoje data de 1808, como título de uma coleção de ensaios: *New-England Association in favour of Inventors and Discoverers, and Particularly for the Protection of Intellectual Property*. Fonte: *Oxford English Dictionary*.

O mesmo Jefferson respondeu à época: "para que os criadores de ideias não fiquem desestimulados de criar e expressar suas ideias, é necessário um estímulo material a quem 'cria' ou 'expressa as ideias'. Por serem assimiladas por todos que a recebem, as ideias devem ser especialmente protegidas, para que toda vez que alguém as usa, o 'criador' tenha sua recompensa"[54]. Tendo Jefferson como um dos artífices, a Constituição dos Estados Unidos, promulgada em 1789, 79 anos depois do Estatuto de Anne e no mesmo ano das primeiras leis de direito autoral na França, já traz em uma de suas cláusulas: "O congresso deve ter o poder de promover o progresso das ciências e das artes úteis assegurando aos autores e inventores, por um período limitado, o direito exclusivo aos seus escritos e descobertas"[55].

As primeiras legislações que buscam regular a propriedade intelectual estabelecem legalmente aquele que ainda é o principal embate hoje: conciliar a remuneração dos criadores com o direito de acesso às criações artísticas. Ao estabelecer o produto de uma dada criação intelectual como uma mercadoria com valor financeiro de troca, o pagamento material por uma certa ideia vai, em muitos casos do século XIX em diante, entrar em conflito com a manutenção de um amplo domínio público de ideias comum à humanidade. A questão estabelecida nessa época ecoa ainda hoje: até que ponto a introdução do direito à propriedade intelectual, em vez de promover, não restringe o progresso do conhecimento, da cultura e da tecnologia?

---

[54] Thomas Jefferson, citado por Ortellado, op. cit., p.29.

[55] Cláusula de direitos autorais e de patentes da Constituição Americana, art. I, § 8, cl. 8.

II.

Há diferenças substanciais entre as características da propriedade intelectual e da propriedade material. Muitas delas foram estabelecidas no período permeado de revoluções, circulação de ideias e criações tecnológicas que vai entre meados do século XVIII e o final do XIX, momento em que a discussão em torno da propriedade passava por um período de transformações na Europa. A decadência do sistema feudal, a ascensão da burguesia comercial, a proliferação de ideias a partir de publicações impressas, o crescimento do individualismo, as navegações que originaram a invasão da América, entre outras questões relacionadas, foram importantes para se discutir o *status* da propriedade que até então, literalmente, reinava nos países europeus. A maior parte das terras e de bens materiais até o século XVIII pertencia às muitas monarquias que comandavam o continente europeu, à Igreja Católica, aos nobres de cada região e, em menor escala, às comunidades que geriam de forma coletiva suas terras e outros recursos naturais, como bosques e lagos. As diversas guerras na Inglaterra do século XVII e a Revolução Francesa no final do século XVIII tiveram como um de seus motes principais a quebra da relação senhor-vassalo que havia na gestão das propriedades materiais até então e, em consequência, o estabelecimento de novas leis que freassem o controle real das terras e regulassem a propriedade.

Uma das formas de legitimar intelectualmente a propriedade privada se deu com as ideias liberais, que defendiam o individualismo e a limitação do poder do Estado absolutista da época. Um dos mais importantes divulgadores dessa ideias, o inglês John Locke (1632-1704) falava que a propriedade, assim como o direito à vida e à liberdade, era um *direito natural*, ou seja, inerente ao homem[56], estabelecido por Deus quando da criação do mundo. Locke dizia que, como fruto legítimo de seu trabalho, cada homem teria direito a uma propriedade; "qualquer coisa que ele [o homem] não retire do estado com que a natureza a promoveu e deixou, mistura-a ele com seu trabalho e junta-lhe algo que é seu, transformando-a em sua propriedade"[57]. Como limite a essa propriedade, sinalizou para a necessidade de que as coisas nesse "estado com que a natureza a promoveu" restassem de modo que fossem "suficientes aos outros, em quantidade e qualidade". Aqui já está o embrião dos embates modernos a serem feitos entre público e privado no direito de propriedade e em torno do conceito de comum[58].

Ao defender a propriedade como um direito natural, principalmente em *Dois tratados sobre o governo* (1689), o filósofo inglês tornava a noção de propriedade essencial para o desenvolvimento da liberdade individual, uma

---

[56] Locke falava desse direito como exclusivo de uma pessoa do gênero masculino, ignorando as mulheres, tal como seus antepassados da Antiguidade e da Idade Média e como continuaria a ocorrer até, pelo menos, a conquista dos primeiros direitos civis pelas mulheres, no século XIX.
[57] Locke, *Dois tratados sobre o governo*, p.409.
[58] Locke usa aqui a palavra "comum" (*commons*) de modo similar ao *res communes* romano, no que é um dos primeiros registros próximos à ideia do comum que conhecemos hoje, como "coisas que poderiam ser comumente apreciadas e cuidadas pela humanidade". Será o mesmo comum que, menos de dois séculos depois, Karl Marx vai discutir em *Os despossuídos*, uma coletânea de textos de 1842 que trata do direito sobre o uso da terra a partir do furto da madeira, uma questão importante na Alemanha da época. E que será relacionado aos bens intelectuais e digitais, como veremos no Capítulo 5, "Cultura livre", deste livro.

ideia que seria chave para que a burguesia em ascensão se libertasse das amarras sociais impostas pelas monarquias absolutistas, que dificultavam a mobilidade social e o livre comércio. A noção de propriedade privada espalhada por Locke ganhou influência e se propagou como aquela que substituiria, no pensamento ocidental da época, a concepção feudal de propriedade, real, hereditária e imutável. Seria usada também como base ideológica para a construção do entendimento de propriedade privada material como fruto do trabalho e um direito do homem que se espalharia nas décadas e séculos seguintes, sendo constante até hoje.

Durante o século XVII e XVIII, a discussão sobre propriedade fermentava também na França, a partir das ideias liberais e em debates envolvendo filósofos iluministas do período, como Rousseau, Diderot e Voltaire. Assim como a Inglaterra, Espanha e outros países governados por monarquias na Europa da época, a França tinha seu sistema de privilégios, dado pelos reis para determinados grupos profissionais – entre eles o de impressores, estabelecidos desde meados do século XVI. Em 1777, a monarquia francesa concedeu os chamados "privilégios do autor" (*privilèges d'auteur*), que, diferente dos "privilégios dos editores" (*privilèges en librairie*), já existentes, não tratava apenas do período e da forma de comercialização das obras (como o copyright inglês estabelecido pelo Estatuto de Anne), mas de reconhecimento perpétuo de propriedade das ideias. É considerado um primeiro – embora ainda incipiente – direito concedido aos autores, fruto da aplicação da noção de propriedade privada como direito natural também às ideias.

Entre 1763 e 1764, sob encomenda da comunidade dos editores parisienses, à época preocupada com a possível supressão dos privilégios editoriais que lhes garantiam a exclusividade sobre as obras, o francês Denis Diderot (1713-1784) escreve a chamada *Carta sobre o comércio do livro*. O texto busca aproximar a *propriedade literária* (como ainda era chamada nesse período também na França) à de bens materiais e defender a propriedade perpétua dos autores e, por extensão, dos editores, sobre as criações "do espírito humano". Diz:

> Uma obra não pertence a seu autor tanto quanto sua casa ou suas terras? Não pode ele alienar para sempre sua propriedade? Seria permitido, por qualquer razão ou pretexto que seja, espoliar aquele que livremente o substitui em seus direitos? Esse substituto não merece ter para esse direito toda proteção que o governo concede aos proprietários contra os outros tipos de usurpadores?[59]

Diderot, que havia editado junto com D'Alembert a primeira enciclopédia entre 1751 e 1772, também defendia a extensão do direito de autor aos seus "substitutos", os editores, que, em sua formulação, compram legitimamente as obras de seus criadores, tendo assim os direitos sobre elas. Era um discurso que tomava emprestado de Locke a noção de direito à propriedade como natural e buscava aplicá-la também aos bens intelectuais, o que conferia ao criador uma propriedade absoluta e inviolável sobre sua obra, por tempo indeterminado. Também era um pensamento que estava de acordo com a burguesia comercial e industrial da época, que buscava trocar o controle real exercido através da concessão de privilégios por outro, baseado no direito natural e exercido pelo mercado.

Embora encontrassem acolhida na sociedade francesa da época, as ideias de Diderot sobre os direitos de autor

---

[59] Diderot, *Carta sobre o comércio do livro*, p.52.

tinham oposição mesmo dentro do liberalismo predominante no meio intelectual. Marie Jean Antoine Nicolas de Caritat, conhecido como marquês de Condorcet (1743-1794), discordava da ideia de o autor ser o legítimo proprietário de suas obras por tempo indeterminado. Em um livro chamado *Fragmentos sobre a liberdade de imprensa* (1776), Condorcet ressalta a importância do interesse público, critica a ideia do monopólio comercial dos editores e afasta a ideia de equiparar propriedade literária às demais formas de propriedade material.

> Sente-se que não pode haver qualquer relação entre a propriedade de uma obra e a de um campo, que pode ser cultivado por apenas um homem, ou de um móvel que serve apenas a um homem; por conseguinte, a propriedade exclusiva é fundada sobre a natureza da coisa. Assim, a propriedade literária não é derivada da ordem natural, e defendida pela força social, mas é uma propriedade fundada pela sociedade mesma. Não é um verdadeiro direito (*véritable droit*), é um privilégio (*privilège*).[60]

Em nome de um ideal social também presente no Iluminismo, o da universalização do conhecimento, Condorcet e outros no período defendiam a livre circulação dos textos e o fim da apropriação privada de uma ideia – todo privilégio seria uma restrição ao direito de acesso de outros cidadãos, sendo, portanto, nocivo à liberdade. Também em *Fragmentos sobre a liberdade de imprensa*, Condorcet pergunta se os privilégios são necessários, úteis ou nocivos ao progresso "das Luzes" – como se costumou chamar o conhecimento

[60] Condorcet, Fragments sur la liberté de la presse, em *Œuvres de Condorcet*, tomo 11, p.253-314, citado em Machado Pontes; Sousa Alves, *O direito de autor como um direito de propriedade: um estudo histórico da origem do copyright e do* droit d'auteur.

no período. Ele mesmo responde que não; a propriedade literária é "desnecessária, inútil e até injusta"[61]. A partir daí, sustenta que uma legislação que concede aos autores o direito de propriedade sobre suas obras não influencia positivamente a descoberta de verdades úteis, "mas atinge de maneira nefasta a maneira como essas verdades se difundem, sendo uma das principais causas da diferença na sociedade entre os homens esclarecidos ou cultos e a massa inculta, para quem a maior parte das verdades úteis permanece desconhecida"[62]. Condorcet achava que um mundo em que as ideias pudessem circular livremente seria aquele em que deveria haver liberdade de criação, reprodução e difusão do conhecimento e da arte, o que tornaria indevida qualquer apropriação individual dos bens culturais - um princípio que vai ecoar nas ideias da cultura livre do século XX.

O embate de ideias entre Diderot e Condorcet, entre outros, fomentaria a construção de leis durante um evento fundamental para a queda dos privilégios reais e da própria monarquia na Europa, a Revolução Francesa (1789-1799). Em seus primeiros anos, os revolucionários estabeleceram a abolição dos privilégios comerciais (como diversos outros) dados pelo governo do rei Luís XVI - entre eles, os "privilégios dos editores" - e criaram leis que formariam as bases do sistema que, a partir de então, seria conhecido como *droit d'auteur* (direito de autor). A lei "Sobre o trabalho do congresso sobre propriedade literária e artística"[63], de 1791, concede monopólio de exploração de artistas do

---

[61] Ibidem.

[62] Ibidem.

[63] Disponível na íntegra em: https://fr.wikisource.org/wiki/Compte_rendu_des_travaux_du_congr%C3%A8s_de_la_propri%C3%A9t%C3%A9_litt%C3%A9raire_et_artistique/Loi_du_19_juillet_1791.

teatro sobre a representação de suas obras por toda sua vida e até cinco anos após sua morte. Dois anos depois, outra lei expande o benefício para artistas de outras áreas e para até dez anos após a morte dos autores. Inspiradas pelos discursos tanto de Diderot quanto de Condorcet, influenciadas também por Locke, Rosseau e outros, as leis buscaram conciliar os diversos interesses conflitantes envolvidos. De um lado, consagraram a ideia de Diderot sobre a santidade da criatividade individual e a inviolabilidade do direito do autor; de outro, teve também espaço a noção de Condorcet de que, após certo tempo (no primeiro momento cinco, depois dez anos após a morte do autor), a obra deveria pertencer ao domínio público, para o progresso "das Luzes" e do conhecimento universal.

Desse período em diante se consolidaram o copyright inglês e o direito de autor francês como os principais sistemas de leis, os quais regulam até hoje a criação de bens culturais (e intelectuais) no Ocidente. Uma das diferenças entre os dois sistemas era a questão do suporte: o copyright valia inicialmente para uma obra apenas quando ela se materializava em um suporte físico, como um livro impresso. Já no *droit d'auteur*, esse pré-requisito do suporte não existia: as leis passariam a proteger a autoria e a integridade da obra (os direitos morais) mesmo quando ela ainda fosse uma ideia e não estivesse materializada em algum formato. Outras diferenças entre os dois sistemas ainda conviveriam e seriam complexificadas ao longo de disputas teóricas e filosóficas durante o século XIX, período em que diversos países passaram a adotar pela primeira vez legislações regulando a propriedade intelectual, entre eles o Brasil[64].

[64] Segundo Paranaguá e Branco em *Direitos autorais*, as primeiras referências aos direitos de autor no Brasil datam de 1830, com um Código

Na teoria jurídica, convencionou-se relacionar o copyright como uma opção *utilitarista*, uma licença dada aos proprietários de uma obra para a sua exploração comercial por um tempo determinado, com o objetivo de recuperar os custos empregados na produção e obter novos investimentos durante o período, ao passo que o *droit d'auteur*, pelo menos em seu início, seria uma opção marcada pela influência do *direito natural*, que, se vingasse, tal como Diderot e outros defendiam, transformaria o direito de autor em permanente e hereditário, o que poderia ter levado à comercialização e privatização de todos os bens culturais e à ausência de um domínio público. A regulamentação criada na França à época da Revolução Francesa restringiu esse direito a um determinado período, o que, de certa forma, misturou as duas influências, utilitarista e do direito natural, tanto na legislação francesa quanto na de países que adotaram o copyright, como a Inglaterra e os Estados Unidos[65].

Após essa primeira consolidação jurídica da propriedade intelectual, alguns tratados das décadas seguintes

---

Criminal que previa como crime a violação de direitos autorais. A primeira lei, entretanto, seria a n. 496/1898, também chamada de Lei Medeiros e Albuquerque, em homenagem a seu autor, que por sua vez foi revogada pelo Código Civil de 1916, que classificou o direito de autor como bem móvel, fixou o prazo de prescrição de uma ação por ofensa aos direitos autorais em cinco anos. Somente em 1973 foi que o Brasil viu publicado um estatuto único e abrangente regulando o direito de autor.

[65] E aproximou as noções de copyright e direito de autor, algo que até hoje permanece nas regulamentações de muitos países. Sobre essa discussão, ver em especial um artigo de Paulo René, *Droit d'autor vs. copyright: diferenças conceituais entre direito de autor e direito de cópia*, Hiperfície, 28 mar. 2012. Disponível em: https://hiperficie.wordpress.com/2012/03/28/droit-dautor-vs-copyright-diferencas-conceituais-entre-direito-de-autor-e-direito-de-copia.

seriam responsáveis pela determinação de padrões internacionais que visavam acordar alguns pontos comuns entre os países que sofriam maior influência do sistema do copyright (Inglaterra, Estados Unidos e boa parte das ex-colônias anglo-saxãs) e os com maior incidência dos direitos de autor (França, Alemanha, Espanha e a maior parte da América Latina, inclusive o Brasil). A Convenção de Berna, firmada durante a década de 1880, foi o principal desses tratados, provocada pela Associação Literária e Artística Internacional, grupo criado em 1878 a partir da influência do escritor francês Victor Hugo. A proposta era definir padrões jurídicos que valessem para diversos países e, assim, evitar que uma dada obra protegida por copyright na Inglaterra, por exemplo, pudesse ser copiada e vendida por qualquer pessoa na França, procedimento que era comum no período e não agradava a diversos escritores, caso do próprio Victor Hugo (autor de, entre outros, *Os miseráveis*, de 1862) e também de Charles Dickens, que, para sua ira[66], teve diversas obras que escreveu, publicadas originalmente na Inglaterra, republicadas em tiragens altas sem sua autorização nos Estados Unidos.

A Convenção de Berna foi assinada em 1886 por países como França, Bélgica, Espanha, Suíça, Alemanha, Haiti, Tunísia e Itália, e teve como resultado a definição de direitos exclusivos – que a partir de então necessitavam de autorização legal – para a tradução de obras, a adaptação e rearranjos, a leitura e performance em lugares públicos, teatros e espaços de concerto, a reprodução de cópias impressas, entre outros usos. Alguns países que adotavam

[66] Como, entre outros, contou o escritor Ruy Castro, em "Dickens e os piratas", *Folha de S.Paulo*, 8 fev. 2012, disponível em: https://www1.folha.uol.com.br/fsp/opiniao/24603-dickens-e-os-piratas.shtml.

sistema influenciado pelo copyright se opuseram a algumas definições, caso da Inglaterra, que assinaria a convenção no ano seguinte, mas não seguiria grande parte das disposições até um século depois, em 1988[67]; e dos Estados Unidos, que se recusaram a assinar pela justificativa de que o acordo estabelecido em Berna mudaria de forma significativa sua legislação de direito autoral – e só efetivaram todas as regras do acordo internacional em 1989[68]. Apesar das oposições, a Convenção de Berna se consolidou como o tratado de propriedade intelectual mais aceito no mundo; deu origem a entidades internacionais[69] de administração desses direitos e passou também a orientar as mudanças que muitas tecnologias desenvolvidas nas décadas seguintes e no século XX trariam para a produção e a circulação de bens culturais.

III.

A criação de uma noção de propriedade intelectual no século XIX está também ligada às novas tecnologias de reprodução e expressão desenvolvidas nesse período. Assim como,

---

67 A partir do *Copyright, Designs and Patents Act 1988*, que reformularia a lei de copyright do país. Legislação completa disponível em: https://www.legislation.gov.uk/ukpga/1988/48/contents.

68 Conforme lista de países firmantes da *World Intellectual Property Organization* (Wipo). Fonte: https://www.wipo.int/treaties/en/ShowResults.jsp?lang=en&treaty_id=15.

69 Primeiramente, a United International Bureaux for the Protection of Intellectual Property (Birpi), criada em 1893 para organizar a Convenção de Berna e a de Paris, que deu origem à noção internacional de propriedade industrial. A partir de 1970, muda para o nome que ainda hoje mantém: *World Intellectual Property Organization* (Wipo).

no século XVI, os primeiros privilégios aos impressores e o copyright surgiram após a invenção e propagação da máquina de impressão dos tipos móveis na Europa, também as novas formas de regulamentar a criação e a reprodução de bens culturais se dão com a introdução de novas tecnologias. Ao contrário das máquinas de impressão, porém, que fizeram circular ideias em diferentes formatos mas somente em um tipo de suporte, as tecnologias do século XIX ampliam os suportes de transmissão de ideias para o áudio e as imagens, o que aumenta também a velocidade de circulação de informação e começa a dar fim ao impresso como principal suporte de fruição e consumo de bens culturais.

Os modos como as invenções tecnológicas do século XIX se relacionam e influenciam umas às outras são diversos e complexos. Para facilitar e analisar certos impactos, podemos dividir essas tecnologias em dois grupos: as *tecnologias de comunicação*, que, ao encurtar distâncias e pôr em conexão de modo mais veloz pessoas em diferentes lugares, aumentaram a troca de informações novas, caso do telégrafo, do telefone e do rádio – todas, por sua vez, muito relacionadas à expansão dos meios de transporte, como o trem, o barco a vapor e o automóvel –; e as *tecnologias de gravação e reprodução*, aqui consideradas tanto as de som, como o gramofone e o fonógrafo, como as de imagem, que combinaram tradições antigas feitas de truques físicos e misturas químicas de substâncias com novas técnicas e invenções vindas da expansão da ciência – e também da indústria – no período, caso principalmente da fotografia e do cinema.

No grupo de *tecnologias de comunicação*, o telégrafo inaugurou, na primeira metade do século XIX, uma nova era de difusão de informação ao transmitir mensagens através de impulsos elétricos para regiões separadas por milhares de quilômetros. Sua criação estava associada ao desenvolvimento das ferrovias, que exigiam métodos instantâneos de sinalização por segurança, "embora houvesse alguns fios telegráficos que seguiam os trilhos, não das ferrovias, mas dos canais"[70]. Aos ingleses William Fothergill Cooke e Charles Wheatstone é atribuída a gênese de um primeiro sistema de uso comercial do telégrafo, em 1837, com o objetivo de acompanhar a construção da ferrovia entre Londres e Birmingham, na Inglaterra[71]. Nas décadas seguintes seria popularizado como um serviço fornecido pelo Estado na maior parte do Ocidente, o que aumentou a níveis então desconhecidos a velocidade de transmissão de informação, pública e privada, local e regional, nacional e imperial.

O ano que ficou conhecido como o da primeira transmissão do telégrafo é lembrado por nós até hoje por conta de ser também o da publicação da *patente* da invenção, pelos já citados Cooke e Wheatstone. Aqui vale recordar: além do direito autoral e do copyright, os séculos XVIII e XIX também viram surgir, se consolidar em minúcias legais e se propagar como uma das bases do modo de produção capitalista outra noção jurídica de apropriação das ideias: a patente, que a partir de então seria definida como um registro de uma concessão, pública e limitada, para a exploração privada e comercial de uma ideia. À diferença dos bens culturais, as patentes são aplicadas a bens considerados utilitários – mais tarde, a noção incluiria o software e até uma fórmula matemática, como um algoritmo –, que, nesse momento, ganharam reprodução em massa

[70] Briggs; Burke, op. cit., p.140.

[71] Ibidem.

a partir dos parques industriais em expansão. Durante outro dos tratados internacionais reguladores da propriedade intelectual desse período, a Convenção de Paris de 1883, a patente dá origem a uma ramificação nos estudos e regulações jurídicas sobre a propriedade intelectual, que passa então a ser chamada *propriedade industrial*, braço jurídico que vai regular mundialmente invenções como o telégrafo, além de registros de desenho industrial e marcas (nomes comerciais), design de produtos e embalagens, entre outros diversos artefatos de uma lista que só aumentaria com as novas tecnologias desenvolvidas no século XX.

O telégrafo propiciou pelo menos mais dois inventos que ajudaram a acelerar a difusão de ideias mundo afora no século XIX. O primeiro foi o telefone, apresentado por Alexander Graham Bell no Escritório de Patentes dos Estados Unidos em 1876 como "o método de, e o instrumento para, transmitir sons vocais ou outros telegraficamente, causando ondulações eléctricas, similares às vibrações do ar que acompanham o som vocal"[72]. Servia-se dos canais de transmissão de mensagem do telégrafo para transformar energia acústica – a voz – em energia elétrica, o que passaria a permitir a troca de informações através da fala entre dois (ou mais) pontos conectados por uma rede. O segundo foi o rádio, em 1895, ano em que o italiano Guglielmo Marconi, então com 21 anos, fez sua primeira transmissão em um sistema de propagação de sinais em ondas sonoras a partir de uma antena para lugares a pouco mais de três quilômetros de distância da origem. Era uma espécie de "telégrafo *wireless*", com informações

[72] Fonte: http://www2.iath.virginia.edu/albell/bpat.1.html. Para mais informações, ver: https://pt.wikipedia.org/wiki/Alexander_Graham_Bell.

sonoras codificadas em sinal eletromagnético que se propaga por meio das ondas, medidas em hertz, no espaço físico. Um ano depois, já morando na Inglaterra, Marconi registrou sua patente como "melhorias na transmissão de impulsos e sinais elétricos e nos respectivos aparelhos"[73], a primeira emitida para um sistema de telégrafo sem fio à base de ondas hertzianas.

Há diversos inventos próximos e concorrentes surgidos nesse período que podem ser identificados aqui como *tecnologias de gravação e reprodução.* São, todos eles, pontos culminantes de inúmeras tentativas ao longo da história de gravar, reproduzir e armazenar sons e imagens que, quando passam a circular na sociedade, alteram a dependência de uma mediação simbólica via alfabeto, predominante até então, para a compreensão da realidade. São métodos que passam a armazenar e transmitir, na forma de ondas de luz e som, efeitos visuais e acústicos do real, tornando ouvidos e olhos autônomos[74] – o que causa uma série de transformações sobre a forma de produzir, circular, consumir e regular os bens culturais a partir de então.

O primeiro desses inventos é o fonógrafo, que teve sua apresentação pública datada de 6 de dezembro de 1877 nos Estados Unidos por Thomas Edison, senhor do então primeiro laboratório de pesquisa em história da tecnologia, em Menlo Park, Nova Jersey[75]. O aparelho transformava,

---

[73] *"Improvements in Transmitting Electrical Impulses and Signals and in Apparatus there-for"*. Fonte: Hong, *Wireless: From Marconi's Black-box to the Audion.* Mais informações a respeito podem ser encontradas no verbete da Wikipédia sobre a história do rádio: https://en.wikipedia.org/wiki/History_of_radio#cite_note-34.

[74] Kittler, *Gramofone filme typewriter*, p.24.

[75] Ibidem.

a partir do giro de uma manivela, sons emitidos em um bocal em traços num cilindro pequeno com sulcos que depois podiam ser reproduzidos e amplificados a partir de um cone acoplado no aparato. Já o gramofone, criado e patenteado pelo alemão Emil Berliner em 1888, fazia o mesmo, mas usando um disco plano (de cera, goma-laca, cobre, depois vinil) em vez do cilindro. A tecnologia por trás dos dois produtos era um pouco diferente, assim como as intenções dos inventores; mais interessado na qualidade de gravação de música clássica, Berliner optou pelo uso de uma matriz para duplicar as gravações sonoras, já que, para ele, a capacidade de repetição importava mais que para Edison e também para Graham Bell - que inventou outro aparelho parecido na época, o *grafofone* -, que previam o uso de seus inventos para registros familiares ou em escritórios[76]. Nas primeiras décadas do século XX, o disco plano de Berliner ganhou a disputa com os cilindros de Edison e se consolidou como o formato mais usado para esse tipo de aparelho de gravação e reprodução sonora, sobretudo porque era mais fácil de ser produzido industrialmente que os cilindros e incluir capas, selos e outros acessórios.

Um pouco antes, ainda na primeira metade do século XIX, o daguerreótipo, apresentado publicamente pelo francês Louis Daguerre em 1839, foi o primeiro processo de produção de imagens a circular amplamente pelo Ocidente. Consistia de uma placa de cobre, ou outro metal mais barato, que com um banho de prata formava uma superfície espelhada que, ao ser colocada em uma caixa escura e exposta a uma determinada situação por algum

---

[76] Briggs; Burke, op. cit., p.181-2.

período (que poderia ser até de dez minutos nesse primeiro momento), formava um "retrato" dessa situação, a ser exibido publicamente depois de revelado em um processo químico. Não era um procedimento fácil, mas se espalhou pelo Ocidente na década de 1840 e 1850 especialmente por ser mais prático e barato do que os retratos pintados, muito comuns à época nas famílias burguesas e industriais. Junto do *celótipo* (processo que usava nitrato de prata e produzia "negativos" sobre papel, desenvolvido pelo inglês William Heny Fox Talbot um ano depois), o daguerreótipo seria o mais comum dos diversos procedimentos fotográficos existentes no período até a consolidação do método da fotografia instantânea com filmes de rolo, no final do século XIX. Patenteado por George Eastman, um banqueiro transformado em empresário nos Estados Unidos, esse método seria a base para a criação e comercialização das câmeras de filme de rolo, principal produto de uma empresa que Eastman fundaria em 1882, a Kodak, tornada quase sinônimo de fotografia no século XX.

A introdução da "imagem em movimento" com o cinema talvez tenha sido a maior alteração tecnológica daquele momento. Nasceu de várias inovações que vão desde a consolidação do domínio fotográfico até a síntese do movimento; durante todo o século houve experimentos que, a partir de princípios já mais antigos, como a *câmera escura*[77], buscavam produzir e reproduzir imagens em

[77] Com referências primárias que remetem aos gregos, a câmera escura é um tipo de aparelho óptico baseado no princípio de mesmo nome que consiste numa caixa (que pode ter alguns centímetros ou atingir as dimensões de uma sala) com um orifício em uma de suas faces. A luz, refletida por algum objeto externo, entra por esse orifício,

movimento, caso de alguns experimentos óticos como o *Zootrópio* (em 1828-1832 por William George Horner) e o *Praxinoscópio*[78] (1877 por Émile Reynaud). O já citado Thomas Edison trabalhou no tema e em 1891 sairia, do laboratório de tecnologia que comandava, a patente do *cinetógrafo*, uma máquina que registrava imagens em movimento e as exibia em um óculo dentro de um caixote de madeira. Dois anos depois, viria do engenheiro-chefe dos Edison Laboratories, William Kennedy Laurie Dickson, a patente do *cinetoscópio*, um instrumento de projeção interna de filmes com um visor individual pelo qual se podia assistir, mediante a inserção de uma moeda, a uma pequena tira de filme em *looping*. Lugares com cinestocópios se tornariam populares nas décadas seguintes nos Estados Unidos e seriam chamados de *nickelodeons*; exibiam imagens em movimento de números cômicos com animais amestrados, exercícios circenses e bailarinas em dança e alcançaram sucesso comercial considerável.

Dois anos depois do registro da patente do cinetoscópio, ocorreu aquela que ficou para a história do cinema como a primeira exibição paga de um filme de curta duração, no Salão Grand Café, em Paris, a 28 de dezembro de 1895. Foi uma apresentação pública de um aparato inventado – e patenteado no mesmo ano na França – pelos irmãos Lumière (Auguste e Louis) chamado *cinematógrafo*, que, baseado no cinetógrafo dos laboratórios Edison, funcionava como uma máquina 3 em 1: gravava, revelava

---

atravessa a caixa e atinge a superfície interna oposta, onde se forma uma imagem invertida daquele objeto. Fonte: https://pt.wikipedia.org/wiki/C%C3%A2mera_escura.

[78] Entra nessa lista de jogos ópticos também o estroboscópio. Ver mais em: https://pt.wikipedia.org/wiki/Hist%C3%B3ria_do_cinema.

e exibia os filmes. Com grande cobertura da imprensa da época, a considerada primeira sessão de cinema exibiu dez curtas dos dois irmãos, todos com menos de um minuto, mudos (filmes sonoros só surgiriam após 1927) e que hoje seriam considerados como documentais. Entre os mostrados estava *La Sortie de l'Usine Lumière à Lyon*, o primeiro da sessão e também o primeiro filme da história do cinema, que trazia cenas de pessoas saindo da fábrica dos Lumière em Lyon.

IV.

Ao olhar para esse período e as diferentes histórias sobre onde, como e quem teria originado essas invenções tecnológicas, algumas considerações sobre patentes e propriedade intelectual são importantes. A primeira delas é que o telefone, o rádio, o gramofone, a fotografia e o cinema foram invenções criadas "sob os ombros de gigantes", como diz a expressão atribuída ao francês Bernardo de Chartres no século XII e popularizada por Isaac Newton em 1675. Dizer isso representa que foram invenções possibilitadas largamente a partir de outras criações – aparatos técnicos, ideias e mecanismos que não vieram até nós porque se perderam pela escassez de recursos desses inventores para fazer um registro que perdurasse. Ou então foram acopladas a outras ideias de quem, com mais possibilidades técnicas e financeiras, colocaria esses inventos em circulação numa escala industrial.

A segunda consideração é que, especialmente nesse momento, há muitas divergências sobre quem de fato teria inventado as tecnologias de comunicação, gravação e reprodução identificadas aqui. O telefone, por exemplo, já tinha um antepassado muito próximo por volta de 1860, dezesseis anos antes do registro de patente de Graham Bell; era uma espécie de "telégrafo falante" desenvolvido pelo italiano radicado nos Estados Unidos Antonio Meucci, que chegou a trabalhar com Bell e registrar sua invenção em 1871, ao passo que o alemão Johan Philipp Reis, em 1861, e o estadunidense Elisha Grey, no mesmo 1876 da patente de Bell, também trabalharam com protótipos parecidos. Dois anos antes da primeira transmissão via ondas hertzianas do italiano Marconi, em 1893, um padre brasileiro chamado Roberto Landell de Moura fazia, em Porto Alegre, experiências semelhantes de transmissão de voz por ondas, o que só seria confirmado e documentado oficialmente em 1900, já depois da patente de Marconi. Dos vários antepassados do fonógrafo e do gramofone, há um muito próximo em especial, chamado *paleofone*, que foi registrado pelo francês Charles Cros em seu país no mesmo ano do registro feito por Edison nos Estados Unidos. A disputa pela invenção do cinema entre os Lumière, filhos de um pequeno empresário francês de Lyon, e Edison gerou e ainda hoje gera divergências, já que ambos produziam, no mesmo período, diferentes filmes.

Estas e muitas histórias semelhantes da época nos mostram que especialmente Graham Bell, Thomas Edison e Guglielmo Marconi foram empresários e patenteadores ligeiros, que souberam antever possibilidades de negócios lucrativos a partir dos inventos que registraram. Com suas patentes, trataram de garantir juridicamente a exclusividade de produção e uso de produtos que não necessariamente inventaram, mas que, a partir das estruturas (ou dos contatos) já bem estabelecidas de produção, potencializaram sua circulação a partir da produção em escala industrial e a distribuição massiva como mercadoria. Visavam retorno de seus investimentos em estrutura de pesquisa e desenvolvimento, é certo, mas também a garantia de manutenção de seus lucros por muito tempo – o que, a partir do registro de patentes, de fato ocorreu.

Por exemplo, Graham Bell. Escocês de família que trabalhava no ramo outrora promissor da locução pública, Alexander migrou para o Canadá no início de sua vida adulta e fez carreira nos Estados Unidos como inventor e empresário; foi um dos fundadores da American Telephone and Telegraph Company (AT&T), uma das maiores empresas de telefonia (depois de internet e também de TV a cabo) dos Estados Unidos no século XX. Thomas Edison, que trabalhou com Graham Bell, foi um empresário da tecnologia, financiado por nomes como Henry Ford e Harvey Firestone, criador de um laboratório de produção de inventos que viraria a General Eletric, um dos grandes conglomerados industriais do planeta ainda hoje. A partir do registro da patente do rádio na Inglaterra em 1896, Marconi criaria a Wireless Telegraph & Signal Company no país, depois transformada em Marconi Co., empresa que seria uma das mais importantes das telecomunicações britânicas nas primeiras décadas do século XX.

Diferente de Graham Bell, Edison, Marconi e também dos Lumière, que já nessa época tinham uma estrutura para patentear e passar a produzir seus inventos em maior escala, Meucci, Landell de Moura, Cros e outros nomes não tão lembrados hoje eram inventores que, sem muitos recursos para produzir e disputar o já então forte *mercado* de patentes, não tiveram suas ideias transformadas em produtos vendáveis. Meucci, por exemplo, foi um migrante; nasceu na Itália, morou quinze anos com sua esposa e família em Havana, Cuba, onde há registros de que tenha inventado o *telegrafo parlante* já em 1849 a partir de uma máquina de eletrochoques[79]. Em 1850, com algum dinheiro guardado, migrou para os Estados Unidos com o objetivo de viver de suas invenções – à época, a jovem nação se consolidava como um grande lugar de peregrinação para inventores e empresários que queriam fazer carreira com seus inventos. Meucci montou uma fábrica de velas, empregou outros compatriotas exilados, se envolveu com a política de seu país – Giuseppe Garibaldi, líder da unificação da Itália, trabalhou em sua fábrica e alugou sua casa durante quatro anos –, faliu, montou outra companhia, agora baseada em seu *telegrafo parlante*, chamada Telettrofono Company, que chegou a registrar seu invento em 1871, cinco anos antes do telefone de Bell. Mas, sem tantos recursos e poder político como Bell, perdeu para este as disputas jurídicas envolvendo patentes e não conseguiu mais desenvolver seu invento[80].

Na periferia do mundo das patentes da época (e ainda hoje), o padre católico brasileiro Landell de Moura fazia testes, muitas vezes solitário, em suas paróquias em Porto Alegre, São Paulo e Campinas, com o telégrafo e o que viria a ser o rádio no mesmo período de Marconi na Itália. Foi somente em 1900, em São Paulo, que Landell de

---

[79] Mais detalhes sobre Meucci e as fontes das informações trazidas aqui em: https://en.wikipedia.org/wiki/Antonio_Meucci.

[80] Em um pequeno reconhecimento tardio, em 2002, a U. S. House of Representatives (equivalente à Câmara dos Deputados brasileira) homenageou Meucci em uma resolução (https://www.congress.gov/bill/107th-congress/house-resolution/269) por ter tido papel no desenvolvimento do telefone, ainda que não especifique qual e haja diversas disputas sobre quem de fato teria inventado primeiro o telefone.

Moura conseguiu fazer um registro aceito pelos trâmites da época, tendo testemunhas e sendo documentado pelo *Jornal do Commercio*[81]. No ano seguinte, viria a obter uma primeira patente brasileira para o que chamava de "aparelho destinado à transmissão fonética à distância, com fio ou sem fio, através do espaço, da terra e do elemento aquoso". Com ela, viajaria nos anos seguintes para Europa e Estados Unidos, onde, em 1904, também deixaria patentes de "transmissor de ondas", "telégrafo sem fio" e "telefone sem fio", com alguma repercussão. Entretanto, volta ao Brasil em 1905, onde continua seus experimentos, mas, sem apoio da Igreja, dos empresários ou dos governantes locais, não desenvolve mais suas pesquisas autodidatas; Marconi, Bell e outros, na Europa e nos Estados Unidos, seguiram[82].

Em 30 de abril de 1877, oito meses antes de Thomas Edison registrar a patente do fonógrafo nos Estados Unidos, o escritor boêmio e inventor francês Charles Cros depositou um envelope fechado na Academia de Ciências francesa com um artigo sobre um "Procedimento de gravação e reprodução percebidos pelo ouvido". Era o mesmo jeito de funcionamento do aparato de Edison, que conhecia os boatos da invenção de Cros[83]. Mas ao francês faltava o que, do outro lado do Atlântico, o laboratório em Menlo Park tinha de sobra: condições técnicas e financeiras para a realização prática da ideia. Daí também o fato de o fonógrafo, um mês depois da apresentação pública e do

[81] *Jornal do Commercio,* 10 jun. 1899, p.3. Fonte: http://landelldemoura.com.br.

[82] Essas informações sobre Landell de Moura são baseadas em: https://pt.wikipedia.org/wiki/Roberto_Landell_de_Moura.

[83] Kittler, op. cit., p.47.

registro de Edison, ter começado a ser produzido massivamente, ao passo que o *paleofone*, invenção de Cros, foi esquecido. Sem condições de reivindicar juridicamente algum crédito pelas ideias, o francês não chegou a ver as transformações que a rica biblioteca de áudios que ele anteviu fariam no mundo; morreu em 1888, aos 45 anos.

Entre todos esses homens brancos e do eixo Américas e Europa – e aqui também vai uma distinção de gênero, cor e origem daqueles que *ficaram para a história* e os que foram apagados ou não citados nesses registros –, Louis Daguerre talvez tenha sido um caso raro para a questão da propriedade intelectual. Sócio de Joseph Niépce, a quem se atribui a primeira "fotografia da vida", chamada de *heliografia*[84] e apresentada pelo menos uma década antes, Daguerre mostrou seu invento à Academia Francesa de Ciências em 1839. O Estado francês adquiriu a patente do daguerreótipo e, logo depois, a tornou domínio público, "aberta para o mundo todo"[85]. Esse gesto, incomum entre as tecnologias de comunicação, gravação e reprodução aqui citadas, facilitou que houvesse uma verdadeira *daguerréomanie* na França, com um número grande de daguerreotipistas também por outros países; "havia dez mil deles na América em 1853, entre eles Samuel Morse,

---

[84] Joseph recobriu uma placa de estanho com betume branco da Judeia que tinha a propriedade de endurecer quando atingido pela luz. Nas partes não afetadas, o betume era retirado com uma solução de essência de alfazema. Em 1826, expondo uma dessas placas durante aproximadamente oito horas na sua câmera escura fabricada, conseguiu uma imagem do quintal de sua casa. "Heliografia" significa gravura com a luz solar. Fonte: https://en.wikipedia.org/wiki/Nic%C3%A9phore_Ni%C3%A9pce.

[85] Briggs; Burke, op. cit., p.166.

e na Grã-Bretanha havia cerca de dois mil fotógrafos registrados no censo de 1861"[86]. Outros procedimentos de produção fotográfica mais baratos e fáceis de serem reproduzidos, como o celótipo de Henry Fox Talbot, e depois o filme de rolo de Eastman e da Kodak (ambos registrados como patentes privadas), tornaram o daguerreótipo um procedimento ultrapassado e que não chegou a ser desenvolvido em escala industrial depois de 1870.

V.

Diante da consolidação da propriedade intelectual no século XIX, cabe refazer a pergunta do início deste capítulo de outra forma: a introdução dos elementos jurídicos reguladores das propriedades das ideias restringiram ou promoveram o progresso do conhecimento, da cultura e da tecnologia? Uma resposta possível seria dizer que promoveram, basta ver a quantidade de inventos popularizados nesse período e as enormes transformações que eles trouxeram à sociedade. Também é aceitável falar que as mudanças trazidas pelas leis de direitos autorais dessa época, por exemplo, propiciaram que muitos artistas passassem a poder viver de seus trabalhos e não ficassem mais à mercê de monopólios e interesses da Coroa, o que lhes assegurou uma série de direitos e trouxe garantias que os nivelaram, em alguns casos, a outros trabalhadores profissionais da época, além de dar mais – pelo menos em tese – possibilidades de liberdade à criação, sem o controle religioso ou estatal.

Outra resposta possível é dizer que os mecanismos jurídicos reguladores da propriedade intelectual restringi-

[86] Ibidem, p.167.

ram o progresso e o acesso ao conhecimento. Antes uma base de dados quase infinita e de acesso livre, o domínio público de ideias e informações passou a ter suas ideias fechadas em pequenos feudos, maiores ou menores de acordo com as possibilidades econômicas e os arranjos político-institucionais de quem as detém. Num primeiro momento, o cercamento de algumas ideias do domínio público é por pouco tempo; as leis de copyright iniciais estabeleciam 14 anos após a publicação como o período de exploração comercial exclusivo da obra, com vias de retribuir ao autor (ou aos intermediários que bancaram sua produção) o investimento obtido. Mas, a cada novo aparato tecnológico – e o mundo lucrativo aberto por eles –, esse período se torna maior: 40, 50, 70, 120 anos após a publicação ou 70 anos após a morte do autor, como foi consolidado nas leis de direito autoral no Brasil e em muitos países do mundo no século XX[87].

Usada como justificativa ideológica por reis, nobreza e Igreja para a regulação da publicação de ideias, a censura cede lugar, a partir dos séculos XVIII e XIX, ao mercado e à livre concorrência. Não é mais por trazer temas proibidos aos olhos dos censores que a circulação de ideias precisa ser controlada; é para que uma pessoa possa viver de (e lucrar com) suas invenções, de modo exclusivo e não concorrente com outro indivíduo (ou empresa). Para isso, as leis; para fazer cumpri-las, o Estado. Num contexto de aumento da velocidade de circulação de informações, e com a possibilidade enorme de reprodução de ideias a partir das tecnologias citadas, foi assim que a sociedade

[87] Uma lista do período em que uma obra entra em domínio público pode ser consultada na Wikipédia: https://pt.wikipedia.org/wiki/Dom%C3%ADnio_p%C3%BAblico.

capitalista ocidental se organizou a partir de então, e até hoje, no que se refere à produção e circulação de ideias.

Mas o modo de lidar com a propriedade de ideias a partir da noção de propriedade intelectual e suas ramificações (direitos autorais e propriedade industrial) não seria o único desde então. Corrente de ideias também surgida na segunda metade do século XIX, o anarquismo negaria desde seu princípio os direitos autorais; a frase "a propriedade é um roubo!", tirada de um texto de Pierre-Joseph Proudhon de 1840 – um ano depois de a patente do daguerreótipo ser tornada domínio público na França –, seria aplicada de início à propriedade material, mas nem por isso deixaria de abranger também a propriedade intelectual, como boa parte das obras (sobretudo impressas) anarquistas desde então deixariam claro em suas páginas iniciais com recados como "sem direitos reservados", "todos os direitos dispersos", entre outras mensagens explícitas a negar a existência de direitos de autor. Faziam isso de modo claro e coerente com seus princípios: as ideias, como as terras, devem ser livres, circular livremente, sem restrições tanto de monopólios reais ou religiosos quanto de regulações legais produzidas pelo Estado para controlar a concorrência do mercado. A forma de equacionar esses princípios filosóficos à prática da sobrevivência cotidiana em um planeta cada vez mais apropriado pelo capitalismo e sua propriedade privada trazem nuances e discussões diversas até hoje. É de se notar que, considerada por muitos ingênua, a perspectiva da ausência de propriedade que o anarquismo defendeu, tendo a autonomia da pessoa como eixo central de suas preocupações, vai encontrar eco em hackers e influenciar a construção da internet – e do software livre – décadas depois.

Será uma ideia sorrateiramente presente e influente na sociedade até hoje, como se mostra no próximo capítulo.

Também fruto do século XIX, o socialismo trataria os direitos autorais de maneira distinta. Tanto na União Soviética (URSS) quanto em Cuba vigoravam as leis de direito autoral acordadas em Berna quando, em 1917 e 1959, respectivamente, estouram as revoluções soviéticas e cubana. Em 1928, a lei de direito autoral no país europeu, de influência romano-francesa, é alterada e o período de validade dos direitos (patrimoniais) reduzido a um intervalo mais próximo às leis iniciais do século XVIII: 25 anos após a publicação de uma obra ou 15 anos após a morte do autor. Assim permanece até 1973, quando a URSS assina os tratados internacionais de propriedade intelectual e passa a adotar o prazo padrão de 70 anos após a morte do autor como o oficial para validade dos direitos patrimoniais; os morais, que dizem respeito ao reconhecimento de autoria, são perpétuos e inalienáveis. Esse prazo é também aplicado hoje para a Rússia e para ex-repúblicas soviéticas como Ucrânia, Geórgia, Estônia, Lituânia, Moldávia, entre outras[88]. Em Cuba, ocorre movimento parecido: a lei é alterada em 1977 e diminui o prazo de extensão dos direitos autorais para 25 anos após a morte do autor, o que permanece até 1994, quando Cuba então assina tratados internacionais e passa a adotar o período de 50 anos após a morte do autor, o que permanece em 2020. Na China e na Coreia do Norte, outros países que adotaram o regime socialista no século XX, há uma longa tradição social coletivista que faz com que as noções de cópia, autoria e propriedade intelectual sejam entendidas da maneiras diferentes, que serão tratadas no capítulo 6: "Cultura coletiva".

[88] Como mostra a lista da nota anterior.

É de se imaginar, por fim, que, num contexto de ampla circulação de aparatos tecnológicos de reprodução e comunicação, termos como "plágio", "cópia" e "criação" ganhariam outros significados. Se o romantismo cristaliza no século XIX a percepção, até hoje predominante, do autor como um gênio criativo solitário, um legítimo *proprietário* de bens culturais, o início do século XX vai chacoalhar essa noção quase sagrada de criação. Artistas e criadores em geral vão torcer e revirar a noção de plágio e usá-lo como método de produção artística e estratégia de confronto com a propriedade intelectual – e, por consequência, ao próprio capitalismo. A cópia da cópia da cópia geraria outras formas de expressão, que por sua vez seriam recombinadas e formariam a base de muitos bens culturais amplamente conhecidos no século XX e até hoje.

CAPÍTULO 4
CULTURA RECOMBINANTE

As ideias se aperfeiçoam. O significado das palavras participa do aperfeiçoamento. O plágio é necessário. O progresso implica isso. Ele aproveita uma frase de um autor, faz uso de sua expressão, apaga uma falsa ideia e a substitui pela ideia certa.

Conde de Lautréamont (Isidore Lucien Ducasse), *Poesias*, 1870

Direito de ser traduzido, reproduzido e deformado em todas as línguas.

Oswald de Andrade, *Serafim Ponte Grande*, 1933

Na realidade, é necessário eliminar todos os resquícios da noção de propriedade pessoal nesta área. O aparecimento das já ultrapassadas novas necessidades por obras "inspiradas". Elas se tornam obstáculos, hábitos perigosos. Não se trata de gostar ou não delas. Temos que superá-las. Pode-se usar qualquer elemento, não importa de onde eles são tirados, para fazer novas combinações. As descobertas de poesia moderna relativas à estrutura analógica das imagens demonstram que quando são reunidos dois objetos, não importa quão distantes possam estar de seus contextos originais, sempre é formada uma relação. Restringir-se a um arranjo pessoal de palavras é mera convenção. A interferência mútua de dois mundos de sensações, ou a reunião de duas expressões independentes, substitui os elementos originais e produz uma organização sintética de maior eficácia. Pode-se usar qualquer coisa.

Guy Debord; Gil Wolman, *Um guia para os usuários do detournamènt*, 1956

O meio é a mensagem.

Marshall McLuhan,
Understand Media, 1964

Nas redes intermídia de hoje, um fluxo de dados formalizados algoritmicamente pode saltar para todos eles. De mídia a mídia, toda modulação possível se tornou factível: em órgãos de luz, sinais acústicos controlam sinais ópticos; na música de computador, sinais em linguagem de máquina controlam sinais acústicos; em vocoders, mesmo dados acústicos controlam outros dados acústicos. Até os disc jockeys de Nova Iorque criarem, a partir de gravuras esotéricas de um Moholy-Nagy, o cotidiano da scratch music.

Friedrich A. Kittler,
Gramofone, filme, typewriter,
1986

I.

O período que vai do início dos 1900 até a década de 1970 foi de consolidação e popularização das diversas tecnologias de comunicação e reprodução patenteadas por nomes como Graham Bell, Edison, Marconi, Eastman e Lumière na segunda metade do século XIX. O fim do "Império da Impressão", como vimos, dá lugar a uma forma de percepção que deixa de ser somente baseada na mediação simbólica do alfabeto, das palavras e das publicações impressas e passa a ser fortemente *sentida*, por olhos e ouvidos, a partir da mediação dos aparatos técnicos de reprodução, como o gramofone (depois vitrola, toca-discos e toca-fitas), o filme (e o cinema), a televisão, o vídeo (e o videocassete). E que culminam com o aparato que une todos estes em um só, o computador, popularizado a partir do final dos anos 1970 com a explosão da nanotecnologia digital e dos PCs (*personal computer*) produzidos na região que ditaria o comportamento mundial diante das novas tecnologias nas próximas décadas, o Vale do Silício, na Califórnia, Costa Oeste dos Estados Unidos.

Indústrias gigantescas são criadas com base na reprodução de imagens e sons no século XX. O cinema, o rádio, a televisão, nessa sequência, se tornam meios de comunicação e reprodução de massa com alcance global, influentes mesmo na periferia do mundo. O armazenamento de informação torna-se o padrão de um mundo ditado pela concorrência do mercado; as ideias – literárias, musicais, científicas – são embaladas, comercializadas e se tornam propriedade, elemento pelo qual o capitalismo se organiza e move a roda do dito *progresso*, que vai cada vez mais depender das tecnologias e dos mecanismos jurídicos criados para regular as trocas e a publicação de ideias: as patentes e o direito autoral (ou o copyright).

Já nas primeiras décadas dos anos 1900, as bases das legislações de propriedade intelectual que ainda hoje valem estavam definidas em acordos internacionais como o de Berna ou o de Paris. Elas tornaram normal a ideia de criação individual sob o mito do "gênio" romântico, uma imagem representada por aquele sujeito que, trancafiado em seu quarto, em geral sozinho, tem uma ideia brilhante a partir somente de suas próprias referências e, com essa ideia bem embalada e vendida como mercadoria por um intermediário, vai conquistar fama e dinheiro. O que não se enquadrasse nesse modelo seria marginalizado e reprimido com multas e penas ao final de longos e caros processos levados por aqueles que tinham condições de contratar e manter advogados.

A consolidação das leis de direito autoral e da noção de que os bens culturais são propriedades privadas também ocasiona, de outro lado, um movimento de resistência. Na virada para o século XX e ao longo das décadas decorrentes, movimentos de contestação ao direito autoral vão proliferar na arte e na cultura com o questionamento de que ideias, sons, palavras, imagens e filmes possam ser de posse de alguém e usados somente com autorização dos ditos proprietários mediante algum pagamento financeiro. As indagações propostas nas ações desses artistas e movimentos trazem, como consequência direta ou indireta, a proposta de contestar a ideia de um bem cultural como mercadoria e a construção de uma cultura livre e comum que deveria ser de todos, sem a necessidade de haver autorização para ser fruída, circulada ou reusada.

Ao se apropriar de certas ideias, embalá-las e vendê-las como obras fechadas, o regime da propriedade intelectual procurou, de um lado, criar um sistema que pudesse remunerar os criadores (ou seus representantes) por suas obras – o que de fato fez ao equiparar artistas a outros tantos profissionais com direito de manter uma vida digna a partir de suas criações. De outro lado, a propriedade intelectual também restringiu a promiscuidade das ideias e encurralou-as dentro de um espaço onde pudesse extrair benefícios exclusivos de sua posse e controle[89]. Na maioria dos casos, o objetivo de se apossar de ideias e delas sacar recursos foi atingido.

Mas existiu – e ainda existe – contestação para que o acesso e a circulação continuassem sendo maiores que a restrição. Nas ruas do sul global, a propriedade intelectual se acostumou a ser suplantada pela livre difusão de ideias, não raro comercializadas à margem do sistema legal para fomentar novas criações que se espalham por todos os cantos, mesmo que iniciativas nas legislações e na propaganda, por Estados e empresas, surjam na busca

---

[89] Nimus, op. cit., p.27.

do controle e da criminalização dessas práticas. De forma consciente como contestação ao *status quo* artístico ou espontânea porque cotidiana e usual, a reapropriação de informações e de bens culturais já existentes para o desenvolvimento de novas criações proliferou com força no século XX a ponto de originar novos movimentos, ritmos, ritos e obras nos mais diversos lugares. São incontáveis os exemplos na arte e na contracultura, todos apresentando alguma forma de subversão e deslocando os objetos de um sistema de referência para outro, com alteração (ou não) de significado. As tecnologias de comunicação, gravação e reprodução em massa teriam papel importante nessa proliferação, na maioria dos casos sendo fundantes de novas práticas de criação, consumo e circulação de bens culturais. O capitalismo teria papel ainda maior, sendo tanto o modo de produção no seio dos quais as tecnologias são geradas e popularizadas quanto o "inimigo" a ser adotado, de maneira explícita ou nem tanto, pelas iniciativas culturais de enfrentamento baseadas no remix e na reapropriação de significados.

II.

A contestação às leis reguladoras da propriedade intelectual se deu na primeira hora, logo depois de sua consolidação nos Estados do Ocidente. Por motivos muitos diferentes e às vezes opostos: anarquistas a negar qualquer tipo de propriedade privada, mesmo a intelectual; socialistas em vias de potencializar a propriedade coletiva, inclusive nas artes, sob gerência do Estado; liberais a enfatizar o livre mercado, que considerava que o interesse público de ter acesso a bens culturais de forma mais barata possível poderia prevalecer sobre os direitos dos autores; e artistas, de todos os espectros ideológicos, a questionar o *status* da criação romântica e proprietária e a lutar pela liberdade de uso de qualquer tipo de obra sem necessidade de pedido de autorização para quem quer que seja.

Ainda durante a segunda metade do século XIX, simultaneamente aos múltiplos inventos que aos poucos dariam fim ao livro como o principal modelo de percepção de ideias e da realidade, um dos primeiros artistas a abertamente questionar o direito autoral e a noção de gênio criador individual foi o conde de Lautréamont, nascido Isidore Lucien Ducasse em Montevidéu, no Uruguai, em 1846, e desde cedo morador de Paris, na França, onde morreu em 1870, aos 24 anos. Lautréamont fez de sua curta obra (e vida) um permanente questionamento ao que na época era institucionalizado na literatura, tanto nas temáticas como no processo de escrita – o uso de erros ortográficos, impropriedades estilísticas, o plágio e repetições de fórmulas, que fazem suas obras serem, até hoje, cultuadas e avessas a classificações[90]. *Os cantos de Maldoror* (1869), seu livro mais famoso e influente, relata, em seis cantos de uma poesia às vezes narrativa e em outras lírica e absurda, sucessivas violências, depravações, crueldades em torno da covardia e estupidez humana.

Seu segundo livro e último trabalho, *Poesias*, "menos espetacular e mais estranho ainda"[91], publicado no ano de sua morte, reuniu em texto aforismos, máximas, poesias, citações de poetas gregos e de seus contemporâneos na França, como Charles Baudelaire, Blaise Pascal e Alexandre Dumas.

---

[90] Em "O astro negro", prefácio de Cláudio Willer a Lautréamont, *Os cantos de Maldoror*.

[91] Ibidem.

Num dos trechos da publicação, dividida em duas partes (fascículos), apelava ao retorno de uma poesia impessoal, escrita por todos, que remetesse às formas coletivas de produção no período medieval, mas com tintas da industrialização moderna do período: "As ideias se aperfeiçoam. O significado das palavras participa do aperfeiçoamento. O plágio é necessário. O progresso implica isso. Ele aproveita uma frase de um autor, faz uso de sua expressão, apaga uma falsa ideia e a substitui pela ideia certa"[92]. Lautréamont, em especial nesse trecho de *Poesias*[93], provoca o mito da criatividade individual – que desde o princípio caminhou lado a lado com a justificação das relações de propriedade intelectual em nome de um mundo moderno onde, supostamente, não seriam aceitas ideias sem dono. Seu gesto sinaliza para a reapropriação da cultura enquanto esfera de produção coletiva, tal qual na Antiguidade e parte da Idade Média, mas "sem deixar de reconhecer as vedações, identificadas por ele como artificiais, colocadas à autoria pelo regime já então estabelecido de propriedade intelectual"[94]. Seu "A poesia deve ser feita por todos, não por um", presente em *Poesias*, antecipa, junto com outro poeta do mesmo período, Stéphane Mallarmé, a atenção moderna da supremacia do texto sobre o autor-leitor, "um deslocamento da intersubjetividade para a intertextualidade, que faz pensar a obra não apenas como um diálogo entre pessoas, mas entre textos"[95].

---

[92] Ibidem.

[93] Guy Debord inclusive a cita na abertura de *A sociedade do espetáculo*, sua obra mais conhecida, de 1967.

[94] Nimus, op. cit., p.27.

[95] Em Lautréamont, op. cit., p.33, Willer, que se baseia em *Os filhos do barro*, do poeta e diplomata mexicano Octávio Paz. O foco sobre o texto e não tanto no autor vai ser popular nos estudos chamados de

Lautréamont também usou de plágio para compor sua obra. Em *Cantos*, há diversos trechos que fazem referência a outros[96]. Em *Poesias* é possível detectar trechos de *Pensamentos*, do matemático Blaise Pascal, e de *Máximas*, de François de La Rochefoucauld, além dos trabalhos de escritores e filósofos como Jean de La Bruyère, Luc de Clapiers, Dante Alighieri, Immanuel Kant e La Fontaine[97], entre outros autores que encontraríamos se fôssemos examinar em ainda mais detalhes. Além disso, e de modo ainda mais raro ao comparar com outros contestadores do copyright e da autoria no século XX, também o modo de circulação da obra de Lautréamont demonstrou certo questionamento ao mercado tradicional de publicações: as duas brochuras de *Poesias* circulavam sem preço pelas ruas de Paris, no modelo "pague quanto quiser" que seria, quase um século depois, espalhado pela cultura punk de influência anarquista e outros movimentos na contracultura que não reconhecem o sistema de propriedade intelectual como legítimo para suas criações.

Os livros de Lautréamont só estão citados aqui hoje porque se tornaram referência de subversão para muitas das

---

écriture na França a partir dos anos 1950, 1960 e 1970, com filósofos como Roland Barthes e Jacques Derrida. Barthes, não por acaso, é autor de *A morte do autor*, de 1968, um texto em que aponta para o desaparecimento da figura do autor a partir do século XIX sendo o verdadeiro agente da escrita era a linguagem, não um indivíduo. Martins, op. cit., p.21.

[96] Um particularmente visível, segundo Willer, é a morte da criança diante dos pais no canto I, trecho plagiado do poema "O rei dos olmos", de Goethe, com Maldoror no lugar do Gênio da Floresta.

[97] Willer, Prefácio, em Lautréamont, op. cit.; e https://en.wikipedia.org/wiki/Comte_de_Lautr%C3%A9amont.

vanguardas europeias no início do século XX, que assim os preservaram e popularizaram. Os surrealistas franceses Louis Aragon e André Breton o colocaram nos seus panteões de autores malditos, ao lado de Baudelaire e Arthur Rimbaud, e republicaram *Poesias*, em 1919, depois de descobrirem um dos poucos exemplares da obra na Biblioteca Nacional Francesa. A Lautrèamont, Aragon e Breton também dedicaram um número da revista surrealista que editaram, *Le Disque Vert*, em 1925, intitulada "Le Cas Lautréamont" ("O caso Lautréamont"). Ambas iniciativas tornariam a obra do poeta conhecida para novos públicos. Antes da revista, um dos pioneiros do modernismo nos Estados Unidos, Man Ray, em 1920, fez uma obra identificada ao Dada chamada *L'Énigme d'Isidore Ducasse* (O enigma de Isidore Ducasse). É uma fotografia em que se vê alguma coisa escondida em um pedaço de feltro marrom amarrado por uma corda de sisal, inspirada em um trecho de *Os cantos de Maldoror*: *"Beautiful as the chance meeting, on a dissecting table, of a sewing machine and an umbrella"*[98].

A obra de Man Ray era o que o artista francês (e seu amigo) Marcel Duchamp chamou em 1913 de *ready-made*, prática que consistia em pegar objetos em relação aos quais se era indiferente e recontextualizá-los de maneira a deslocar seus significados. Na década de 1910, os dois produziram uma série dessas obras, que, de certo modo, foram pioneiras no mundo da arte ocidental em usar e deixar explícita a recombinação de informações e outros elementos para criação de uma nova obra. Como conta Duchamp:

---

[98] Disponível em: https://www.wikiart.org/en/man-ray/the-enigma-of-isidore-ducasse-1920. "Belo como o encontro fortuito, sobre uma mesa de dissecção, de uma máquina de costura e um guarda-chuva", em tradução de Cláudio Willer.

> Em 1913 tive a feliz ideia de fixar uma roda de bicicleta a uma banqueta de cozinha e vê-la girar. Uns poucos meses depois comprei uma reprodução barata de uma paisagem de uma noite de inverno, a qual chamei de "Farmácia" depois de adicionar dois pequenos pontos, um vermelho e um amarelo, no horizonte. Em Nova York em 1915 comprei numa loja de ferramentas uma pá de neve na qual eu escrevi "À frente do braço quebrado". Foi por essa época que a palavra "*ready-made*" me veio à mente para designar esta forma de manifestação. Um ponto que desejo muito esclarecer é que a escolha destes "*ready-mades*" nunca foi ditada pelo deleite estético. Essa escolha era baseada numa reação de indiferença visual com ao mesmo tempo uma total ausência de bom ou mau gosto... De fato uma completa anestesia. [...] Um outro aspecto do "*ready-made*" é sua impossibilidade de ser único. A réplica de um "*ready-made*" carrega a mesma mensagem; de fato quase que nenhum dos "*ready-mades*" existentes hoje é um original no sentido convencional.[99]

Em 1917, ao tirar um urinol do banheiro, assiná-lo e colocá-lo sobre um pedestal em uma galeria de arte, sua até hoje mais conhecida obra[100], Duchamp também afastou o significado da interpretação funcional aparentemente concluída do objeto. Embora esse significado não tivesse desaparecido por completo, foi justaposto a outra possibilidade – o significado como objeto de arte. O urinol em uma galeria instigava um momento de incerteza e reavaliação e questionava mais

---

[99] Publicado originalmente no site Iconoclast: www.13am.net/iconoclast, tradução do inglês por Ricardo Rosas (Arquivo Rizoma) no e-book *Recombinação*, p.17.

[100] Realizado por Duchamp em 1917 quando do envio do objeto ao Salão de Associação de Artistas Independentes de Nova York sob o pseudônimo R. Mutt.

uma vez o essencialismo romântico, que coloca a obra de arte como produto de uma natureza divina e que privilegia o trabalho criativo individual. O urinol e a roda de bicicleta eram produtos industriais feitos por máquinas, coletados em lugares diversos e ressignificados por Duchamp; quando colocados em espaços de arte como galerias, não poderiam ser patenteados como outras obras da época (quadros, esculturas, fotografias), pois o *objeto* em si não tinha valor, podia ser descartado e outro entraria em seu lugar numa nova exposição sem prejuízo de significado. O que valia era a ideia proposta pela experiência de se ver um objeto de uso cotidiano como um urinol – ou um pedaço de feltro escondendo outros objetos, ou uma roda de bicicleta – em uma galeria de arte. Nascia aí a arte conceitual, desde sua origem livre, avessa a direitos autorais e crítica à propriedade das ideias, mas também suscetível, nas décadas seguintes, a transformar-se em mercadoria e frequentar museus e galerias registradas com copyrights de milhares de dólares.

Duchamp e Man Ray estavam associados a uma das vanguardas europeias desse período, o Dada, que, espalhado por Suíça, Estados Unidos, França e Holanda, mas também Geórgia, Japão e Rússia[101], desenvolveu muito de seus trabalhos a partir do questionamento da ideia do artista e da não separação entre arte e vida. O Dada, que é uma palavra de muitas origens, mas que em todas elas significa "nada", deve muito a outra noção de Duchamp, a *antiarte*, pensada por ele a partir dos *ready-mades* em 1913 e adotada por muitos movimentos contraculturais do século XX[102] como um método de provocar os pilares

---

[101] Há muitos detalhes do Dada disponíveis em: https://en.wikipedia.org/wiki/Dada.

[102] Dos movimentos Cobra e Internacional Letrista, próximos ao sur-

do que seria uma arte tradicional – entre eles, temas como a autoria, a beleza e a propriedade intelectual. Diversas obras do Dada interrogavam a ideia do gênio criativo solitário e expressavam uma revolta contra os princípios capitalistas embrenhados nos valores artísticos. O romeno Tristan Tzara, um dos principais nomes do Dada, manifestou um tanto dessa revolta ao utilizar com frequência a aleatoriedade, o *non sense* e o acaso para produzir obras que chocaram o *status quo* do mundo artístico à época, como em "Para fazer um poema dadaísta", de 1920:

> *Pegue a tesoura.*
> *Escolha no jornal um artigo do tamanho que você deseja dar a seu poema.*
> *Recorte o artigo.*
> *Recorte em seguida com atenção algumas palavras que formam esse artigo e meta-as num saco.*
> *Agite suavemente.*
> *Tire em seguida cada pedaço um após o outro.*
> *Copie conscienciosamente na ordem em que elas são tiradas do saco.*
> *O poema se parecerá com você.*
> *E ei-lo um escritor infinitamente original e de uma sensibilidade graciosa, ainda que incompreendido do público.*[103]

---

realismo e ao Dada da primeira metade do século XX, ao Provos (Holanda), ao punk e ao neoísmo, na segunda metade, passando pelos situacionistas e pela *mail art* também citadas aqui. Esses movimentos *antiartísticos* são detalhados numa bela e pouco conhecida obra chamada *Assalto à cultura: utopia subversão guerrilha na (anti)arte do século XX*, de Stewart Home, publicado no Brasil pela Conrad em 2005.

[103] "No original em francês: "*Prenez un jornal. Prenez des ciseaux. Choisissez dans ce jornal un article ayant la longueur que vou comptez donner à votre poème.Découpez l'article. Découpez ensuite avec soin chacun des mots qui forment cet article et mettez-le dans um sac. Agitez*

Apresentada também em muitos manifestos produzidos no período, as ideias do Dada[104] buscavam a demolição de um sistema artístico em que a propriedade intelectual, entronada na noção de autoria, já tinha um papel importante. Não por acaso, também aqui a tecnologia começa a ter maior relevância na arte; as *collages*, a poesia sonora e o cinema são artes, potencializadas nesse período, em que os aparatos técnicos têm papel principal, tanto como método de produção (caso das *collages*) quanto de gravação e apresentação ao público (poesia sonora e o cinema).

As *collages* haviam entrado com força no mundo da arte com o espanhol Pablo Picasso e o francês Georges Braque, a partir de 1912, baseadas na evolução das técnicas de impressão, que possibilitaram a circulação em massa de jornais e revistas de onde os pintores recortavam trechos e mesclavam a desenhos e tintas em seus quadros. A poesia sonora ganhou repercussão com o fundador do futurismo italiano, Filippo Tommaso Marinetti, que entre 1912 e 1914 publica *Zang Tumb Tumb*, um poema sonoro e visual em que as novas técnicas modernistas de tipografia e diagramação do italiano se mesclam a uma rica e an-

---

doucement. Sortez ensuite chaque coupure l'une après l'autre dans l'ordre où eles ont quitté le sac. Copiez consciencieusement. Le poème vous ressemblera. Et vous voilà un écrivain infiniment original et d'une sensibilité charmante, encore qu'incromprise du vulgaire". Tradução em Teles, *Vanguarda européia e modernismo brasileiro*.

[104] Vale citar também como ideias influentes no Dada aquelas expostas nas telas do alemão Kurt Schwitters, repletas de imagens aleatórias de recortes de jornal, bilhetes de trem e fotografias, e nas poesias sonoras (sem palavras) de Hugo Ball, fundador, ao lado de sua esposa Emmy Hennings, em 1916, do ponto de encontro dos dadaístas, o Cabaret Voltaire, em Zurique, na Suíça.

tiga tradição da poesia oral para brincar com os sons das palavras – ainda que, no caso de Marinetti e do futurismo italiano, as experimentações estejam a cargo de uma retórica da velocidade industrial que resultaria em misoginia e no fascismo de Mussolini[105]. Os dadaístas Hugo Ball e Kurt Schwitters também fariam poemas sonoros; o primeiro foi performado por Ball na abertura do Cabaret Voltaire, em 1916 – "*gadji beri bimba glandridi lauli lonni cadori*"[106], que, sem nenhum gramofone disponível à época, foi registrado muitos anos depois como uma música pop dançante em uma mescla de ritmos africanos em "I Zimbra"[107], do disco *Fear of Music*, dos Talking Heads, em 1979. Já o alemão Schwitters teve mais sorte; nos anos 1920 percorreu com Tzara, Hans Arp e Raoul Hausmann diversos salões literários na Europa a declamar (e provocar) as audiências com "Ursonate" (também chamada de "Sonata primal"), um poema sonoro baseado em uma frase "*Fümms bö wö tää zää Uu*", repetida e acrescida de outros trechos ao lon-

[105] O primeiro "Manifesto futurista", escrito por Marinetti e publicado no jornal francês *Le Figaro* em 1909, "exaltava a velocidade como novo valor estético destinado a enriquecer a magnificência do mundo", como escreve Franco "Bifo" Berardi em *Depois do futuro*, livro que detalha os conceitos de "futuro" ao longo do século XX e hoje. Com a velocidade, vem a apologia do automóvel, das virtudes guerreiras e da desvalorização de tudo o que é feminino, exposto neste trecho do manifesto de Marinetti pinçado por Bifo: "Queremos celebrar o homem que segura o volante, cuja haste ideal atravessa a Terra, lançada a toda velocidade no circuito de sua própria órbita" (Berardi, *Depois do futuro*, p.24).

[106] Mais informações sobre o poema em: https://www.nealumphred.C.om/hugo-ball-sound-poetry-gadji-beri-bimba.

[107] Pode ser assistido em: https://www.youtube.com/watch?v=3tyVn-2ZDJ-Y.

go do tempo em que Schwitters o apresentou – uma dessas apresentações foi gravada em uma rádio de Frankfurt, na Alemanha, em 1932, e ainda hoje está disponível[108].

O rádio, aliás, passa a fazer parte do cotidiano mundial a partir da década de 1920, o que potencializa a experimentação sonora. O registro dos gramofones, de alcance local e efêmero, passa ter uma possibilidade de audiência e interação com milhares de pessoas. A influência do rádio nas décadas de 1930 e 1940 fez que a mera leitura de um texto literário para a transmissão pública pelo sistema de radiotransmissão se transformasse em outra forma de criação. Ficou notório o pânico de muitos que ouviam *A guerra dos mundos*, em 30 de outubro de 1938 na rádio CBS, dos Estados Unidos, uma transmissão dirigida por Orson Welles, produzida pela The Mercury Theatre on the Air, baseada em um texto de H. G. Wells. Dos quinze minutos em diante, após ouvir relatos de aparições de extraterrestres em diversas fazendas dos Estados Unidos, a transmissão parece falhar, dando a muitos a impressão de que a CBS em Nova York estava sendo *realmente* invadida pelos extraterrestres de que os relatos ouvidos ao vivo falavam[109]. Mesmo que ainda hoje haja divergências sobre o real impacto da transmissão, foi um episódio marcante na história das mídias para ilustrar que uma adaptação de um texto impresso para uma mídia sonora de alcance público nunca mais seria apenas mera transmissão, mas outra coisa – "o meio é a mensagem", como sintetizaria

---

[108] Disponível em: https://www.youtube.com/watch?v=6X7E2i0KMqM.

[109] Disponível na íntegra em: https://en.wikipedia.org/wiki/File:War_of_the_Worlds_1938_Radio_broadcast_full.flac.

Marshall McLuhan duas décadas e meia depois[110], ao dissecar a influência da forma das mídias em seu conteúdo.

Ainda na década de 1930, a popularização das técnicas de comunicação e reprodução como o rádio, o gramofone, a fotografia e o cinema provocariam um dos textos mais conhecidos do historiador alemão Walter Benjamin, *A obra de arte na era de sua reprodutibilidade técnica*. Escrito em 1936 e publicado em 1955, argumenta que a reprodução técnica à época tinha atingido um nível "tal que começara a tornar objeto seu não só a totalidade das obras de arte provenientes de épocas anteriores como também a conquistar o seu próprio lugar entre os procedimentos artísticos"[111]. Benjamin escreve que essas técnicas de reprodução liberariam o objeto reproduzido do domínio da tradição e, ao multiplicar o reproduzido, colocariam no lugar da ocorrência única a ocorrência em massa[112]. Assim, a "aura" singular das obras de arte seria perdida e as cópias, (re)produzidas em massa, passariam a ter valor por si – o que, como veremos algumas décadas depois, seria o habitual nas novas formas de expressão artística e cultural a partir do surgimento de tecnologias eletrônicas, depois digitais e, finalmente, digitais em rede.

II½.

A contestação ao copyright por parte das vanguardas europeias também teve eco no Brasil da primeira metade do

---

110 Em *Understanding Media*, publicado no Brasil como *Os meios de comunicação como extensão do homem*.

111 Benjamin, *A obra de arte na era de sua reprodutibilidade técnica*, p.24.

112 Ibidem.

século XX. Para além das práticas colaborativas e livres dos povos originários sul-americanos, tema do Capítulo 6 deste livro, o modernismo brasileiro trouxe alguns elementos dos movimentos europeus e os readaptou às cores locais, já acostumadas com a recombinação de elementos para a criação de novos bens culturais.

Nesse aspecto, o paulista Oswald de Andrade teve papel de destaque como divulgador e adaptador das ideias de questionamento à autoria e ao direito autoral. Para Oswald, a garantia de sobrevivência da cultura brasileira estaria na capacidade de entrar em contato com outras culturas e absorvê-las em um processo de deglutição, como expresso em trechos do "Manifesto antropófago", publicado na primeira edição da *Revista de Antropofagia*, em 1928: "Só me interessa o que não é meu. Lei do Homem. Lei do Antropófago". A antropofagia proposta pelo escritor seria a inversão do mito do bom selvagem atribuído ao iluminista Rousseau: em vez de puro e inocente, um indígena esperto e malandro, que canibaliza o estrangeiro e digere o colonizador ocidental e sua cultura.

Outra pista contestadora ao direito autoral e também a essas noções de autoria deixada por Oswald é *Serafim Ponte Grande*, livro publicado em 1933. No lugar onde se costuma indicar as "Obras do autor", no início da publicação, ele põe a rubrica "Obras renegadas", e o próprio livro que está para se ler é incluído entre os títulos "repudiados". A frase que abre a folha de rosto da edição parafraseia a indicação de copyright costumeira: "*Direito de ser traduzido, reproduzido e deformado em todas as línguas*". A forma do livro, como comenta Haroldo de Campos em prefácio à segunda edição (1971), é feita a partir da colagem, a justaposição de materiais diversos, o que em técnica cinematográfica parece equivaler de certo modo à montagem.

> A colagem – e mesmo a montagem – sempre que trabalhem sobre um conjunto já constituído de utensílios e materiais, inventariando-os e remanipulando-lhes as funções primitivas, podem se enquadrar naquele tipo de atividade que Lévi-Strauss define como *bricolage* (elaboração de conjuntos estruturados, não diretamente por meio de outros conjuntos estruturados, mas pela utilização de resíduos e fragmentos), a qual, se é característica da "pensée sauvage", não deixa de ter muito em comum com a lógica de tipo concreto, combinatória, do pensamento poético.[113]

A influência da colagem do Dada e do automatismo do surrealismo em Oswald é considerável, mas há também diversos artistas ao longo da história que usaram de artifícios semelhantes de colagem e de questionamento do próprio livro como objeto narrativo e mercadológico. No prefácio de *Serafim Ponte Grande* já citado, Haroldo de Campos cita um deles, o idiossincrático *A vida e as opiniões do cavalheiro Tristram Shandy*, de Laurence Sterne, escrito entre 1759 e 1767 na Inglaterra, um "marco pioneiro da revolução do objeto livro que se projeta de maneira avassaladora e irreversível em nosso século, agora tendo por aliadas as novas técnicas de reprodução de transmissão da informação"[114]. A prática de Oswald de criar a partir da colagem e da recompilação de diversos trechos de outros artistas ou de veículos de massa, misturando gêneros e formas diversas para a formação de uma obra específica, seria, como prenuncia Haroldo de Campos, vista

---

[113] Campos, *Serafim: um grande não-livro*, p.2.

[114] Ibidem, p.4.

em profusão no século XX no Brasil, das artes visuais e performances de Hélio Oiticica, Paulo Bruzcky e Adriana Varejão à literatura de Valêncio Xavier e, mais recentemente, Angélica Freitas, Verônica Stigger, Cristiane Costa e Leonardo Villa-Forte[115].

A influência mais explícita do Dada de rejeitar a originalidade e, principalmente, de que toda produção artística consiste na reciclagem e na remontagem é marcada, porém, tanto em Oswald quanto em outros artistas citados aqui, mais na estética do que na forma de a obra ser licenciada. Abrir mão do direito autoral – ou mesmo licenciar de formas menos restritivas – é, no contexto da arte do século XX, uma bandeira estética que na prática parece se firmar como radical demais mesmo para artistas experimentais.

III.

A ocorrência em massa de obras de arte se espalharia ao longo do século XX e passaria também a incorporar aspectos das tecnologias de comunicação, gravação e reprodução à medida que estas se tornassem populares. Também novos significados e práticas artísticas surgem a partir da recombinação de um dado (um texto literário gravado em áudio, por exemplo) transportado para outro registro e recombinado de acordo com as diferentes técnicas possíveis na outra mídia – as inserções sonoras, cortes e pausas de edição que transformam *A guerra dos mundos* em *outra coisa* quando transmitida ao vivo, por exemplo.

---

[115] Villa-Forte também publicou *Escrever sem escrever: literatura e apropriação no século XXI*, um trabalho que pensa a literatura num contexto de reapropriação propiciado pelas tecnologias digitais e a internet.

Da experimentação pura com um invento técnico também surgem outras recriações; o gramofone de Edison nas mãos do artista visual húngaro e professor na Bauhaus alemã László Moholy-Nagy poderia virar um instrumento produtivo, "de forma que o fenômeno acústico surja por si só graças à gravação das marcas necessárias sobre um disco sem existências acústicas prévias"[116]. A sugestão de Moholy-Nagy (e de outros) nesse período para produzir música com o gramofone vai ser efetivada com a música concreta a partir de 1948, com o francês Pierre Schaeffer em experimentações sonoras com microfones, vozes de atores e outros sons possíveis de serem obtidos em um estúdio de rádio da época. É nessa década também que o gravador de fita magnética passa a ser comercializado e, com a portabilidade que gradativamente passou a permitir, viabilizar novas experimentações sonoras - como as do egípcio Halim El-Dabh, que, com um gravador de fita magnética de um estúdio de uma rádio do Cairo, no Egito, produz em 1944 "The Expression of Zaar", considerada uma das primeiras músicas eletrônicas feitas a partir de manipulações em estúdio de sons registrados (pelo gravador) de uma cerimônia religiosa na época[117].

Sendo desde o princípio corte, do movimento contínuo ou de uma história passada à frente da lente[118], o cine-

---

[116] Moholy-Nagy, citado por Kittler, op. cit., p.79.

[117] El-Dabh foi às ruas capturar sons externos de uma antiga cerimônia zaar, um tipo de exorcismo realizado em público. Intrigado com as possibilidades de manipular o som gravado para fins musicais, ele acreditava que poderia abrir o conteúdo de áudio bruto da cerimônia zaar para uma investigação mais aprofundada sobre o "som interno" contido nela. Fonte: https://en.wikipedia.org/wiki/Halim_El-Dabh.

[118] Kittler, op. cit., p.177.

ma seria uma arte ainda mais afeita a recombinações. Os dados registrados em duas diferentes formas (imagem e som, em movimento) ganhariam a possibilidade de diversos efeitos especiais em complexos estúdios de edição (e também produção) com os melhores gravadores, microfones e outros equipamentos sonoros que a mais rica das artes já permitia nos anos 1940 e 1950, principalmente na Costa Oeste dos Estados Unidos, em Hollywood. Seria a arte em que a recombinação poderia atingir maior efetividade e beleza, segundo os franceses Guy Debord e Gil Wolman, em *Um guia para os usuários do* detournamènt[119], de 1956: "os poderes do filme são tão extensos, e a ausência de coordenação desses poderes é tão evidente, que virtualmente qualquer filme que esteja acima da miserável mediocridade provê tema para infinitas polêmicas entre espectadores ou críticos profissionais"[120]. Herdeiros de Lautrèamont, do Dada e da Bauhaus, Debord e Wolman são ligados aos situacionistas, grupo estabelecido na França a partir de 1957 por diversos poetas, arquitetos, cineastas, artistas plásticos que se definiam como "vanguarda artística e política" focada na crítica à sociedade de consumo e à cultura mercantilizada[121].

[119] Publicado pela primeira vez no oitavo número da revista surrealista belga *Les Lèvres Nues*, em 1956.

[120] Esse trecho foi *detunado* da introdução para *O guia dos usuários do* detournamènt publicada pelo BaixaCultura na rede e em formato *zine*, 2015.

[121] "A ideia de 'situacionismo' se relaciona à crença de que os indivíduos devem construir as situações de sua vida no cotidiano, cada um explorando seu potencial de modo a romper com a alienação reinante e obter prazer próprio." Fonte: http://enciclopedia.itaucultural.org.br/termo3654/situacionismo.

Um guia para os usuários do detournamènt é um dos primeiros textos a ter como enfoque o desenvolvimento de um método criativo baseado no plágio. Debord e Wolman falam, por exemplo, da prática na literatura, mais bem usada no processo da escrita do que no resultado final: "Não há muito futuro no deturnamento de romances inteiros, mas durante a fase transitiva poderia haver um certo número de empreendimentos deste tipo". Na poesia, citam a *metagrafia* – uma técnica de colagem gráfica desenvolvida pelo romeno Isidore Isou e adotada pelo movimento do Letrismo[122], que os inspirou. Como "leis fundamentais do *detournamènt*", estão: 1) a perda de importância de cada elemento *detunado*, que pode ir tão longe a ponto de perder completamente seu sentido original; e, ao mesmo tempo, a 2) reorganização em outro conjunto de significados que confere a cada elemento um novo alcance e efeito. Um trecho:

> Não se trata aqui de voltar ao passado, o que é reacionário; até mesmo os "modernos" objetivos culturais são em última análise reacionários na medida em que dependem de formulações ideológicas de uma sociedade passada que prolongou sua agonia de morte até o presente. A única tática historicamente justificada é a inovação extremista. [...] Na realidade, é necessário eliminar todos resquícios da noção de propriedade pessoal nesta área. O aparecimento das já ultrapassadas novas necessidades por obras "inspiradas". Elas se tornam obstáculos, hábitos perigosos. Não se trata de gostar ou não delas. Temos que superá-las. Pode-se usar qualquer elemento, não importa de onde eles são tirados, para fazer novas

---

122 Movimento cultural situado na França e criado nos anos 1940 a partir de Isidore Isou, com influências do Dada e do surrealismo.

> combinações. As descobertas de poesia moderna relativas à estrutura analógica das imagens demonstram que quando são reunidos dois objetos, não importa quão distantes possam estar de seus contextos originais, sempre é formada uma relação. Restringir-se a um arranjo pessoal de palavras é mera convenção. A interferência mútua de dois mundos de sensações, ou a reunião de duas expressões independentes, substitui os elementos originais e produz uma organização sintética de maior eficácia. Pode-se usar qualquer coisa.[123]

Como prática, o *detournamènt* não era um antagonismo à tradição, mas acentuação da reinvenção de um novo mundo a partir do passado, em um momento em que, pós-guerra, a Europa (e a França) viviam uma explosão artística e de retomada das vanguardas do início do século, que de certa forma ensinava a todos a "aprender a viver de uma forma diferente mediante a criação de novas práticas e formas de comportamento"[124]. A ideia do desvio proposta no texto de Debord e Wolman parecia funcionar mais para revelar do que ocultar suas origens. Seria uma forma, entre muitas outras, de entrar diretamente no longo diálogo do conhecimento, de expor referências e mostrar a todos o que se quer absorver destas. Da união do que se aproveita de um lado com o que se aproveita de outro é que, aprendemos desde cedo, nasce algo diferente. Na mesma década de 1950 também nasceu acidentalmente outra técnica influente baseada no plágio, o *cut-up*. O pintor e poeta Brion Gysin, que havia sido membro do grupo de André Breton no surrealismo francês, colocou camadas de jornais como uma esteira para proteger uma mesa

---

[123] Debord; Wolman, op., cit.

[124] Nimus, op. cit., p.79.

enquanto cortava papéis com uma lâmina de barbear. Ao recortar os jornais, Gysin notou que as camadas fatiadas ofereciam justaposições interessantes de texto e imagem; começou então a dividir artigos de jornal em seções, reorganizados de modo aleatório tal qual Tzara propunha em "Para fazer um poema dadaísta". Muitos poetas talvez já tivessem feito gestos semelhantes para a criação, mas Gysin conhecia o escritor William Burroughs e o apresentou à técnica em 1958, no Beat Hotel, em Paris. Nascia uma parceria que renderia diversas obras em texto e áudio, entre elas o livro *The Third Mind*, coleção de *cut-ups* assinados pelos dois. Um dos mais singulares escritores do século XX, Burroughs também usaria a técnica em uma trilogia de livros que inclui *The Soft Machine*, *The Ticket That Exploded* e *Nova Express*, publicados entre 1961 e 1964, todos narrativas em que textos existentes cortados e montados em pedaços eram colocados de maneira aleatória, combinados com pinturas de Gysin e sons experimentais recortados por Ian Sommervile – em gravadores de fita magnética, já mais populares que no Egito de Halim El-Dabh em 1944.

Burroughs também descreveria o *cut-up* de forma didática:

> O método é simples. Aqui está uma maneira de fazê-lo. Pegue uma página. Como esta página. Agora corte do meio para baixo. Você tem quatro seções: 1, 2, 3, 4, ... um dois três quatro. Agora rearranje as seções colocando seção quatro com seção um e seção dois com seção três. E você tem uma nova página. Às vezes diz a mesma coisa. Às vezes alguma coisa bem diferente – *cutapear* discursos políticos é um exercício interessante – de qualquer modo você vai descobrir que isso diz alguma coisa e alguma coisa bem definida. Pegue qualquer po-

eta ou escritor que você admira, digamos, ou poemas que você tenha lido muitas vezes. As palavras perderam significado e vida por anos de repetição. Agora pegue o poema e datilografe passagens selecionadas. Encha uma página com excertos. Agora corte a página. Você tem um novo poema. Tantos poemas quanto você queira. Tristan Tzara disse: "A poesia é para todos". E André Breton chamou-o de tira e o expulsou do movimento. Diga de novo: "A poesia é para todos". A poesia é um lugar e é livre para todos *cutapear* Rimbaud, e você se colocar no lugar de Rimbaud.

O método do *cut-up* traz a escritores a colagem, a qual tem sido usada por pintores por setenta anos. E usada pelas câmeras foto e cinematográficas. De fato todos os cortes de rua do cinema ou de câmeras fotográficas são, pelos imprevisíveis fatores de passantes e justaposição, *cut-ups*. E fotógrafos vão dizer a você que frequentemente seus melhores instantâneos são acidentes... escritores vão dizer o mesmo. Os melhores escritos parecem ser aqueles feitos quase por acidente por escritores até que o método do *cut-up* foi tornado explícito – toda escrita é de fato *cut--ups*; eu retornarei a este ponto – não houvesse nenhum jeito de produzir o acidente da espontaneidade. Você não pode decidir a espontaneidade. Mas você pode introduzir o fator imprevisível e espontâneo com uma tesoura.[125]

A década de 1950 ainda vê, num âmbito menos *underground*, a *pop art* avançar na recombinação da *collage* modernista e dadaísta com cada vez mais apropriação dos objetos da cultura de massa, agora também a incluir a televisão, desde 1930 possível na Europa e nos Estados Unidos, mas de fato popularizada e tornada símbolo nos lares ocidentais na década de 1950. Andy Warhol

[125] Burroughs, *O método* cut-up, p.85.

e Roy Lichtenstein, dois dos nomes (não por acaso dos Estados Unidos) mais conhecidos desse movimento, se tornariam *pop* ao usar elementos das histórias em quadrinhos, da propaganda publicitária e dos programas de entretenimento televisivo para parodiar e comentar a apatia que o consumo (também de produtos midiáticos) pode produzir nas pessoas. Como em Duchamp, a obra artística na *pop art* é produzida a partir de trechos de outras obras comercializadas em escala industrial, o que ainda hoje levanta diversas questões sobre propriedade intelectual e autoria. Warhol, em especial, tem suas obras mais conhecidas feitas a partir de imagens e objetos não produzidas por ele, mas sim reapropriados, caso de *Marilyn Monroe* (1967), 250 serigrafias coloridas feitas em sua *Factory* a partir de uma foto de divulgação da atriz símbolo da Era de Ouro de Hollywood. E, também, das caixas de *Brillo Box*, um detergente popular nos Estados Unidos, trazidas por Warhol para o mundo das artes em 1964 e registrado em copyright desde então.

Na maioria dos processos legais que Warhol respondeu à época, os tribunais reconheceram o seu gesto de apropriação como artístico. Para fundamentar sua resolução, evocaram sua trajetória, o contexto do momento e testemunhos de especialistas no assunto, como críticos, historiadores e professores, atores do campo artístico que poderiam dar uma "definição" do que a sociedade considera um artista. As apropriações de Warhol passariam no "teste estético" também porque demonstraram uma "originalidade" em sua ação; como antes o fizera Duchamp, em *Brillo Box* Warhol modificava de forma significativa e irreversível o campo (e as regras) da arte. O paradoxo da história é que

Warhol (e seus herdeiros depois) se mostraram inflexíveis sobre modificações e usos das obras do artista[126].

Warhol não seria o primeiro, nem o último, a agir de forma contraditória ao usar tudo na hora de criar, mas não permitir que outros usassem nada do que produziu. Há um termo na psicologia para essa prática, chamado de "aversão à perda" (*loss aversion*, em inglês), que diz: "não gostamos de perder o que temos". Fala de uma tendência de pôr um valor mais alto nas perdas do que nos ganhos; os benefícios que obtemos ao copiar o trabalho dos outros não nos cria uma grande impressão, mas, quando nossas ideias são copiadas, percebemos como uma perda e ficamos como cães de guarda sedentos por vingança[127]. Os Estúdios Disney seriam, talvez, o caso mais conhecido dessa prática: usou extensivamente o domínio público para resgatar algumas de suas principais histórias – *Branca de Neve e os sete anões*, *Pinóquio*, *Alice no País das Maravilhas*, *Cinderela*, *A Bela Adormecida*, *Alladin* – e transformá-las em desenhos animados de sucesso comercial[128]. Mas, quando chegou a hora de os direitos de autor dos primeiros filmes da Disney começarem a expirar, fizeram forte pressão para que o termo de direitos de autor fosse prorrogado nos Estados Unidos. A última extensão, *Copyright Term Extension Act*, de 1998, ficou conhecida também como "Mickey Mouse Protection Act" e transfe-

---

[126] Como mostrado em Perromat, op. cit., p.448.

[127] Como mostrado em uma cena da parte 4 do documentário *Everything Is a Remix*, de Kirby Ferguson (2015). Disponível em: https://vimeo.com/baixacultura.

[128] Mais informações sobre os casos de histórias coletadas do domínio público que viraram animações de sucesso na Disney em: http://baixacultura.org/a-armadilha-disney.

riu a entrada em domínio público de uma obra para 70 anos após a morte do autor, 120 anos após a criação ou 95 anos após a publicação da obra. Esse último prazo é o caso de Mickey Mouse, publicado em 1928, que estará em domínio público em 2024 – a não ser que a Disney faça novamente *lobby* para postergar essa data.

IV.

Em contestação declarada ao sistema da propriedade intelectual ou por passarem a ser parte rotineira do processo de criação, os casos de reapropriação de ideias passariam a ser tão frequentes quanto quiséssemos perceber a partir dos anos 1960. É nessa década que objetos tecnológicos baseados na gravação e reprodução passam a ser comercializados na maior parte do planeta e deixam de ser apenas aparatos de especialistas para se tornarem cada vez mais portáteis e menores, passando a estar em muitas casas de classe média do mundo ocidental. Os gravadores e reprodutores de áudio em fita magnética, por exemplo, passam a ser facilmente encontrados nos mercados dos grandes centros urbanos com a produção e comercialização das fitas cassetes – tanto "virgens", que podem ser usadas para gravar, quanto de música pré-gravada – a partir de 1964. Patente da Philips de 1963[129], o formato "compacto" da fita cassete vinha concorrer (e mais adiante substituir) o Stereo 8 (cartucho, ou 8-track), criado nos Estados Unidos em 1958 e ligeiramente maior que o cassete, e popularizar o hábito de escutar e gravar música em fitas no lugar das gravações de voz e ditados, como era de costume com os primeiros gravadores. Seria o combustível

[129] Fonte: https://en.wikipedia.org/wiki/Cassette_tape.

dos gravadores portáteis que se propagam como produtos comerciais no final dessa década – um dos primeiros é o modelo Typ EL 3302, da Philips, de 1968 – com a possibilidade de armazenar áudios de até trinta minutos em cada um de seus lados.

Já mais raro e caro, o *sampler* aparece a partir de 1969 como um aparelho que grava e permite manipulação de diferentes amostras musicais, e depois como um modo de recortar e sobrepor músicas – o *sampling*. Surge a partir dos sintetizadores, aparelhos que, baseados no formato do piano, reúnem e tocam diferentes sons, como os primeiros desenvolvidos pelo engenheiro Robert Moog em 1964, ainda analógicos e que popularizam nomes como osciladores, envelopes, geradores de ruído, filtros e sequenciadores com controle de tensão como palavras (e efeitos) a serem usadas para modificação sonora. Contemporâneo de Moog é o Mellotron, de 1963, vendido inicialmente como um teclado com acompanhamentos pré-gravados (em fitas magnéticas) para animar os lares ingleses, depois usado em diversas bandas de rock como The Moody Blues, Genesis, King Crinsom e The Beatles – é o som que abre o clássico "Strawberry Fields Forever", composta por John Lennon e Paul McCartney em 1967. Ainda haveria o Electronic Music Studios (EMS), produzido na Inglaterra em 1969, os Minimoogs e outros antes do Fairlight CMI, criado pelos australianos Kim Rydie e Peter Vogel em 1979, principal responsável pela popularização do *sampler*, usado tanto na propagação da música eletrônica quanto no rap – um estilo musical inteiramente nascido e tendo por base a reapropriação[130]. O *sampler*

[130] Sobre a origem dos *samplers* no rap, ver o documentário *Copyright Criminals*, produzido e dirigido por Benjamin Franzen e lançado em

tornou compor, na música pop, também a arte de combinar sons e trechos de músicas[131].

Também desse período, o videocassete aparece comercialmente entre 1959 e 1963 com diversos modelos vendidos por marcas como Toshiba, Philips e Sony. Baseados em mecanismo de registro e armazenamento de informações semelhante ao das fitas magnéticas de áudio, os primeiros ainda eram aparelhos pesados, barulhentos e caros, usados mais em empresas, escolas, hospitais. Mas, na década de 1970, diminuiriam de tamanho e estariam disponíveis no mercado para, por exemplo, serem usados para a gravação caseira de programas de televisão. A partir de 1969, com a comercialização das câmeras caseiras com baterias acopladas (modelo chamado Portapak), os videocassetes também passariam a exibir vídeos caseiros dessas câmeras - as primeiras que usam fitas magnéticas que podem ser reproduzidas nesses aparelhos são do início da década de 1970.

As décadas de 1950, 1960 e 1970 são, de fato, as de propagação do uso de tecnologias de reprodução e gravação de áudio e vídeo. Mas não podemos esquecer que a cópia impressa não só permaneceu como foi também propulsionada pelos inventos técnicos desse período. Um nome virou sinônimo de uma prática: *Xerox*, nascida em 1948 como marca registrada de copiadoras baseadas no método da eletrofotografia, prática que, em 1947, recebeu um novo nome de mais fácil definição: xerografia (do grego *xeros*, seco, e *grafia*, escrita). A Xerox lançou no mercado sua primeira

---

2009, disponível em: https://www.pbs.org/independentlens/copyright-criminals.

[131] Bastos, A cultura da reciclagem, em Rosas; Salgado, *Recombinação*, p.10.

máquina de impressão em 1960, a *Xerox 914*, e a partir dali, mesmo com outras marcas e modelos de copiadoras que se seguiram, se tornou sinônimo de cópia e referência de uma prática artística – a *copy art*. No Brasil, ela foi rebatizada como xerografia e muito praticada, em proximidade com a arte postal (ou *mail art*), por artistas como o já citado Paulo Bruscky, Hudnilson Jr. (Rio de Janeiro) e Hugo Pontes (Minas Gerais). Este último escreveu:

> Talvez o mais importante aspecto da xerografia seja o de ela oferecer ao artista que não tenha habilidade para o desenho condições de elaborar a montagem de seus projetos, fundindo planos; linhas e sombras, sem qualquer instrumento auxiliar que a técnica do desenho exige. Através deste processo eletrônico, podemos transpor para os vários graus de densidade do branco e preto imagens cromáticas, reticuladas e mesmo em relevo (no caso, objetos transformados em figuras), o que muito se aproxima das colagens, possibilitando um retorno às experiências dos tachistas.[132]

A fita e o videocassete, o gravador de áudio e as câmeras de vídeo portáteis e as fotocopiadoras trouxeram um aspecto até então novo para a questão da propriedade intelectual e da propagação da cultura livre: a reprodução de canções, vídeos e textos para fins caseiros e não comerciais. Para além das cópias ditas piratas, que, como vimos, sempre acompanharam as reproduções legalmente permitidas, a chegada das tecnologias de gravação e reprodução às casas das pessoas tornou popular a cópia privada, que não pagava direitos autorais a quem quer seja. Mais do que popular, hábito: gravar uma fita cassete com músicas escolhidas de uma ou mais rádios, por exemplo,

[132] Pontes, O que é arte xerox?, em Rosas; Salgado, op. cit., p.18.

se tornou um dos melhores presentes quando se queria conquistar alguém nos anos 1980.

O potencial recombinante das tecnologias de gravação e reprodução desenvolvidas na segunda metade do século XX criaram um problema também para a indústria que, desde a propagação dos direitos autorais em meados do século XIX, se erigiu baseada na propriedade intelectual. Foi assim quando, em 1964, a Phillips lançou o cassete de áudio e a indústria fonográfica primeiro tentou impedir o lançamento do produto e depois fez *lobby* no Congresso dos Estados Unidos para que fosse criado um imposto sobre os cassetes virgens para compensar as perdas da indústria resultantes das cópias que os usuários fariam de seus LPs para cassetes. O mesmo aconteceu em 1976, quando a Sony lançou o videocassete formato Betamax e a Universal Studios e os Estúdios Disney abriram um processo contra a empresa acusando-a de que os produtos resultantes desses aparelhos incitariam à violação dos direitos autorais[133].

Neste último caso, uma batalha judicial que durou oito anos trouxe o reconhecimento de que a pessoa que gravava o último capítulo da novela no videocassete Betamax (ou outros tipos que se seguiram) não praticava pirataria[134]. Em muitas outras situações semelhantes ocorreu o mesmo: nenhuma lei conseguiria coibir de forma eficiente o uso privado e comunitário das obras sem o pagamento dos direitos autorais correspondentes. Não seria possível controlar a reprodução caseira sem fins comerciais quando as tecnologias de reprodução e gravação não só permitem como têm a cópia para qualquer fim, inclusive o pessoal, como método básico de funcionamento.

---

[133] Ibidem.

[134] Ibidem.

Como máquina a unir gravação e registro de texto, áudio e imagem, o computador pessoal passaria a ser vendido e popularizado por empresas criadas no Vale do Silício a partir de 1975. Duas décadas depois, iria se juntar à internet para tornarem-se, ambos, responsáveis por fazer o processo de criação ser ainda mais baseado na cópia, o que ampliaria o debate sobre propriedade intelectual, pirataria e cultura livre para níveis até então não conhecidos.

CAPÍTULO 5
CULTURA LIVRE

Vendedores de software querem dividir os usuários e conquistá-los, fazendo com que cada usuário concorde em não compartilhar com os outros. Eu me recuso a quebrar a solidariedade com os outros usuários deste modo. Eu não posso, com a consciência limpa, assinar um termo de compromisso de não divulgação de informações ou um contrato de licença de software. Por anos eu trabalhei no Laboratório de Inteligência Artificial do MIT para resistir a estas tendências e a outras violações de hospitalidades, mas eventualmente elas foram longe demais: eu não podia permanecer em uma instituição onde tais coisas eram feitas a mim contra a minha vontade. Portanto, de modo que eu possa continuar a usar computadores sem desonra, eu decidi juntar uma quantidade de software livre suficiente para que eu possa continuar sem nenhum software que não seja livre.

Richard Stallman, *Manifesto GNU*, 1985

Por um lado, estes artesãos hi-tech não apenas tendem a ser bem pagos, mas também possuem considerável autonomia sobre seu ritmo de trabalho e local de emprego. Como resultado, a fronteira cultural entre o hippie e o "homem organização" tornou-se bastante vaga. Porém, por outro lado, estes traba-

lhadores estão presos pelos termos de seus contratos e não têm garantia de emprego continuado. Sem o tempo livre dos hippies, o trabalho em si tornou-se o principal caminho de autossatisfação para boa parte da "classe virtual".

Richard Barbrook; Andy Cameron,
A ideologia californiana, 1995

Governos do Mundo Industrial, vocês, gigantes aborrecidos de carne e aço, eu venho do espaço cibernético, o novo lar da Mente. Em nome do futuro, eu peço a vocês do passado que nos deixem em paz. Vocês não são bem-vindos entre nós. Vocês não têm a independência que nos une. Estamos formando nosso próprio Contrato Social. Essa maneira de governar surgirá de acordo com as condições do nosso mundo, não do seu. Nosso mundo é diferente. Seus conceitos legais sobre propriedade, expressão, identidade, movimento e contexto não se aplicam a nós. Eles são baseados na matéria. Não há nenhuma matéria aqui.

John Perry Barlow, *A Declaração de Independência do ciberespaço, 1996*

Tudo fica mais fácil quando você não precisa de intermediários.

Creative Commons, *Seja criativo*, 2000

Quando você está baixando arquivos MP3, você também está baixando o comunismo.

Record Industry Association of America, *Campanha antipiratária*, anos 2000

A open source e o copyleft se estendem atualmente muito além da programação de software: as "licenças abertas" estão em toda parte, e tendencialmente podem se converter no paradigma do novo modo de produção que liberte finalmente a cooperação social (já existente e visivelmente posta em prática) do controle parasitário, da expropriação e da "renda" em benefício de grandes potentados industriais e corporativos.

Wu Ming, *Copyright e maremoto*, 2002

A ideia é que o copyright significa "all rights reserved" e o Creative Commons significa "some rights reserved". E você diz quais são eles. Existem várias fórmulas, vários tipos de licenças abertas. Trata-se de tentar criar um modo de coabitação no plano da informação que seja tolerável, e que evite o que está acontecendo, que é o controle da informação pelas grandes companhias. Agora isso tudo ainda é, de certa forma, um paliativo. O Creative Commons pode ser visto, como o é efetivamente pelos mais, digamos, radicais, como um estratagema capitalista. O verdadeiro anarquista não quer saber de Creative Commons nem de copyleft, é totalmente radical. A princípio estou com eles, acho a propriedade privada uma monstruosidade, seja ela intelectual ou não, mas sei também que não adianta dar murro em ponta de faca, tapar o sol com a peneira. Acho que você tem que transigir, tem que fazer algum tipo de negociação.

Eduardo Viveiros de Castro, Economia da cultura digital, em Savazoni; Cohn, *Cultura digital.br*, 2009

I.

"A impressora está emperrada novamente!"

Richard M. Stallman, programador de software no laboratório de Inteligência Artificial do Massachusetts Institute of Technology (MIT), na Costa Leste dos Estados Unidos, conta que descobriu o problema uma hora depois de enviar de seu computador um arquivo de cinquenta páginas para impressão e perceber que a máquina havia posto tinta em quatro páginas de um outro trabalho que não o dele. Não era bem uma novidade, já que havia tido outra situação parecida, a qual o recém-formado físico por Harvard havia usado suas habilidades de programação de softwares para contornar, criando uma pequena alteração no código do programa da impressora que permitia avisar, a distância, quando ela estava emperrada, a partir da frase "*The printer is jammed, please fix it*"[135]. Mas dessa vez a impressora

[135] Em tradução livre, "A impressora está emperrada, por favor conserte-a". Essa história é contada aqui a partir do Capítulo 1, "For Want a Printer", de *Free as in Freedom: Richard Stallman and the Free Software*

era nova, um dos últimos lançamentos da Xerox (modelo 9700), que imprimia trezentos pontos por polegada em papel de folha solta a uma velocidade de até duas páginas por segundo (pps), em um ou dois lados, formato paisagem ou retrato. Foi doada ao laboratório em modo de teste, hábito da empresa e de outras baseadas em aparatos tecnológicos para lugares onde hackers normalmente se reuniam – se eles conseguissem hackear, muitas vezes eram chamados para trabalhar nessas empresas. Nos anos 1960 e 1970, o MIT foi um dos primeiros lugares onde essa comunidade de programadores de software e hardware defensores da ideia de que "toda informação deve ser livre", que remete a Thomas Jefferson, ao marquês de Condorcet e ao nascimento do liberalismo, se reuniam para inventar e compartilhar códigos para os computadores cada vez mais potentes e menores que habitavam os centros de pesquisa. Entre uma pizza de madrugada e um interesse nerd e diletante que aprofundava qualquer assunto aparentemente banal, como o formato de uma cenoura, ou um tanto complexo, como formas de fazer ligações telefônicas de graça, buscavam criar soluções criativas para problemas complexos. Em suma: *hackeavam*.

Quando Stallman percebeu o problema na nova impressora da Xerox, pensou em aplicar a correção antiga e *hackeá-la* novamente. No entanto, ao procurar o software da máquina da Xerox que lhe permitiria corrigir ou modificar a impressora, ele descobriu que a empresa não havia enviado, como era costume até então, um software de cortesia para que os programadores pudessem ler o código, mas apenas um arquivo quase infinito de 0 e 1 chamado *binário*. Ele até poderia converter os 0 e 1 em instruções

---

Revolution, biografia de Richard Stallman escrita por Sam Williams.

para máquinas de baixo nível com programas chamados *disassemblers* e, então, tentar fazer rodar na *carne* da impressora, mas seria uma tarefa lenta e difícil, que poderia ocasionar anos em impressões congestionadas e aborrecimentos diversos.

O que Stallman fez, então, foi ir atrás do programa. Descobriu que outro programador, na Universidade Carnegie Mellon, também na Costa Leste dos Estados Unidos, tinha o software. Ao visitá-lo com o crachá "pesquisador do MIT", conversou de modo cordial também com outros engenheiros envolvidos na produção da Xerox e fez o pedido de acesso ao código do software da impressora. Foi então informado que o código era uma novidade considerada de vanguarda, portanto devia permanecer secreto e não ser compartilhado. Stallman saiu da universidade sem falar nada, com raiva e sem a cópia, com a sensação de que o que era antes livre e compartilhável estava, no final da década de 1970, se tornando confidencial. Não por alguma censura legal do governo, mas por interesses de mercado; até então não existia acordo de confidencialidade (em inglês, *nondisclosure agreement*, NDA) na indústria de software, o que fazia com que todo software fosse livre, com seu código-fonte disponível para qualquer um que o quisesse ler e modificar.

Um software de computador – ou de uma impressora – funciona como um conjunto de instruções para que a máquina execute funções. É escrito em uma linguagem que esses inventos técnicos saibam ler e processar; quanto mais na carne, mais de *baixo nível* é a linguagem; quanto mais próximo da interface com o humano com mais de *alto nível*. Um conjunto finito de procedimentos a serem executados por uma máquina é chamado de *algoritmo*, uma palavra árabe (لخوارزمية) latinizada no contexto da matemática ainda no século VIII, mas que teve sua primeira utilização destinada a um computador feita pela condessa Ada Lovelace[136] para a máquina analítica de Charles Babbage – um gigantesco aparato basicamente para resolver logaritmos e funções trigonométricas – no final do século XIX. Como tudo que é baseado em instruções, as presentes em um algoritmo funcionam a partir da circulação de informações, nesse caso entre máquina e humanos mediados pela linguagem; não ter acesso ao código que rege a circulação de informações entre esses polos é não saber o que está sendo trocado, portanto também não saber como um procedimento está sendo executado, não ter condições de modificá-lo, seja para reparar um *bug* ou propor uma melhoria, e, por fim, não poder passá-lo para outros – que, sem ter a chave para abrir a *caixa-preta* do algoritmo, pouco podem fazer com ele.

Assim como um bem cultural, um software tem em sua gênese o compartilhamento de informação e a recombinação de ideias. Quando Stallman, no final da década de 1970, percebe que as informações de um software passam a ser fechadas por motivos de confidencialidade, e só se-

[136] A inglesa Augusta Ada King, condessa de Lovelace (1815-1852), filha do poeta conhecido como Lord Byron (com quem pouco conviveu até os seus oito anos, quando Byron morreu), foi a primeira a reconhecer que a máquina analítica de Babbage possuía aplicações além do cálculo e, então, publicou o primeiro algoritmo, em 1843, destinado a ser executado por essa máquina. Como resultado, ela é considerada uma das primeiras programadoras. É, também, uma das raras mulheres na história das tecnologias que teve sua história contada, entre muitas outras que, tendo papéis importantes, foram apagadas das narrativas que hoje são as mais adotadas na documentação da história da tecnologia. Sobre Ada Lovelace, ver: https://en.wikipedia.org/wiki/Ada_Lovelace.

rem acessíveis mediante pagamento, acontece um movimento em alguns aspectos semelhante ao que ocorreu na consolidação do copyright e do direito de autor na Europa do século XVIII: o fechamento privado do que antes era comum e de livre acesso. Como passa a ter cada vez mais valor em sua circulação no mercado capitalista, o software passa a ter um proprietário; seu código, agora fechado, é a chave do valor do produto, o segredo mais bem guardado que determina sua exclusividade.

Ao contrário, porém, de um bem cultural, um software é um conjunto de instruções para uma máquina. Como vamos nos comunicar com uma máquina se não conhecemos seu código e sua linguagem? Não vamos. Ou melhor, quem vai deter a exclusividade de se comunicar será quem detém a propriedade do código de software. Um problema de comunicação é resolvido com a garantia de privilégio do emissor: só quem produziu, a partir de informações comuns, tem esse direito. A partir do caso da *Xerox 9700*, Stallman é instado a questionar: mas o direito de acesso, uso e reuso das informações necessárias para um aparato técnico funcionar não são também importantes? Para ele, recusar-se a oferecer o código-fonte do software não era apenas a descontinuidade de uma regra estabelecida desde o final da Segunda Guerra Mundial, quando, a partir de Alan Turing e outros, os softwares começaram a ser importantes, mas uma violação da Regra de Ouro, o ditado moral básico que dizia "faça aos outros o que você gostaria que fizessem a você"[137].

De sua insatisfação pessoal e desejo de buscar manter as informações abertas e livres, Stallman estabelece, no final

---

[137] Williams, *Free as in Freedom*, p.11.

da década de 1970, a ideia do software livre como um programa de computador que daria liberdade ao seu usuário, tal qual nos primeiros anos dos softwares de computador, *(0) de executar o programa, para qualquer propósito; (1) de estudar o programa e adaptá-lo para as suas necessidades; (2) de redistribuir cópias do programa; (3) de modificar (aperfeiçoar) o programa e distribuir essas modificações*[138]. De modo sorrateiro mas imprescindível, o software livre se espalharia junto com a internet e a popularização dos computadores nos anos 1980 e 1990 e seria levado a outras áreas, como a cultura, na qual encontraria terreno fértil para se expandir. A partir do software livre se estabelece o copyleft, nos anos 1980, que depois vai fazer a cultura livre se propagar nos primeiros anos da internet comercial como uma ideia, um movimento de pessoas e uma prática aliada ao compartilhamento de todo tipo de arquivo na internet (o download), a livre recombinação de ideias para criação de bens culturais e um desafio às mudanças na legislação do direito autoral a partir das transformações ocasionadas pela internet.

A ascensão do *streaming* e a popularização das redes sociais na internet, já no final dos anos 2000, tornam as diferenças significativas que caracterizam um software e um bem cultural, como um livro ou uma música, mais visíveis do que nos primeiros anos da internet. Por trás da tecnologia e do livre compartilhamento há a energia – a energia viva[139] de um trabalho imaterial a que em muitos casos

---

[138] Em sua definição primeira, em inglês, no site da Free Software Foundation, disponível em: https://www.gnu.org/philosophy/free-sw.html.

[139] Pasquinelli, A ideologia da cultura livre e a gramática da sabotagem, em Belisário; Tarim (orgs.). *Copyflight*, p.52.

a cultura livre da internet não atentou. "O abuso precede o uso", diz o francês Michel Serres[140], uma boa frase para explicar o sentimento de *ressaca* que a internet pós-2016 trouxe a todos que nos embriagamos com a "liberação do polo emissor da informação" dos primeiros anos da rede e não conseguimos atentar para alternativas econômicas e políticas da construção de uma rede que, nos anos finais da década de 2010, ajudou a espalhar uma revanche fascista formada por iniciativas políticas de colonização da rede e propagação de ódio presente em vários cantos do planeta.

II.

Em 27 de setembro de 1983, Stallman enviou um e-mail pela então Arpanet, rede precursora da internet, que ligava principalmente centros de pesquisa em universidades dos Estados Unidos:

> A partir do próximo Dia de Ação de Graças, vou escrever um software completo compatível com Unix chamado GNU (sigla para Gnu Não é Unix), e o compartilharei livremente com qualquer um que possa usá-lo. [...] Eu considero que a regra de ouro requer que se eu gosto de um programa eu tenho que compartilhá-lo com outras pessoas que gostam dele. Eu não posso, em boa consciência, assinar um acordo de não quebra ou um acordo de licença de software. Então, para que eu possa continuar a usar computadores sem violar meus princípios, eu decidi reunir um corpo suficiente de software livre de tal modo que eu esteja apto a passar sem o uso de qualquer software que não seja livre.[141]

[140] Ibidem.

[141] Trecho de *Initial Announcement*. A história do Projeto GNU difere

O e-mail encerrava com a assinatura que Stallman costumava usar na Arpanet (*RMS*) e a caixa postal para comunicação, em Cambridge. Seria o passo inicial do Projeto GNU, iniciativa que inaugura a ideia de um software que, na contramão dos cada vez mais fechados softwares lançados no início dos anos 1980, seria livre para diferentes tipos de uso e modificação, com seu código disponível para qualquer um acessar. Era um projeto em que o programador vinha trabalhando fazia alguns anos, inspirado por uma ética hacker que o influenciara no MIT, baseada no acesso e no compartilhamento total de informação e na colaboração em vez da competição. E que tinha por princípios: 1) o acesso a computadores – e qualquer outro meio que seja capaz de ensinar algo sobre como o mundo funciona – deve ser ilimitado e total; 2) toda informação deve ser livre; 3) não acredite na autoridade e promova a descentralização; 4) hackers devem ser julgados segundo seu *hacking*, e não segundo critérios sujeitos a vieses tais como graus acadêmicos, raça, cor, religião, posição ou idade; 5) você pode criar arte e beleza no computador; 6) computadores podem mudar sua vida para melhor[142].

---

desse plano inicial – o começo, por exemplo, foi adiado até janeiro de 1984. Muitos dos conceitos filosóficos de software livre não foram detalhados até alguns anos depois, como afirma o texto que contextualiza o manifesto, disponível, assim como o manifesto, também em português no site oficial do projeto, disponível em: https://www.gnu.org/gnu/initial-announcement.pt-br.html.

142 Fonte: https://pt.wikipedia.org/wiki/%C3%89tica_hacker. Existem muitas definições de "hacker"; uma das mais precisas vem de Gabriella Coleman em *Coding Freedom: The Ethics and Aesthetics of Hacking*, livro produzido a partir de uma etnografia em comunidades de hackers, que assim os apresenta: "Obcecados por computador movidos por uma paixão curiosa por mexer e aprender sistemas técnicos,

Presente como um *modus operandi* nas comunidades de programadores dos anos 1960 e 1970 na qual Stallman se criou, essa ética hacker começava, segundo ele, a mudar com a ida de muitos membros para empresas privadas de tecnologia, que começavam a surgir aos montes no final da década de 1970 e início de 1980 para comercializar computadores pessoais, softwares e hardwares diversos.

A debandada da comunidade hacker no laboratório onde Stallman trabalhava[143] representava bem esse movimento: no início de 1980, boa parte dos integrantes do AI Lab (Laboratório de Inteligência Artificial) foram contratados pela empresa Symbolics, criada por Russ Noftsker, um integrante do laboratório que liderava o grupo que estava abandonando alguns princípios hackers, como deixar aberto e compartilhar o código-fonte, para comercializar seus produtos. A disputa de Noftsker era, especialmente, contra o grupo liderado por Richard Greenblatt, também do MIT, que havia criado em 1979 o projeto LISP Machine, uma empresa que produzia computadores baseados na linguagem de inteligência artificial LISP e que buscava permanecer fiel ao espírito hacker, sem abrir

---

e frequentemente comprometidos com uma versão ética da liberdade de informação" (tradução livre com base no original: "*computer aficionados driven by an inquisitive passion for tinkering and learning technical systems, and frequently committed to an ethical version of information freedom*"). Para uma abordagem da ética hacker como contraponto à ética protestante, ver Himanen, *La ética del hacker y el espírito de la era de la información.*

[143] Stallman dá mais detalhes dessas mudanças em "The Project GNU", um dos textos presentes na coletânea publicada como *Free Software, Free Society* em 2002, pela GNU Press. A citada aqui é a versão em espanhol, Stallman, *Software libre para una sociedad libre*, publicada pela espanhola Traficante de Sueños em 2004.

mão do código aberto. Greenblatt acreditava que os recursos provenientes da construção e venda de algumas máquinas poderiam ser reinvestidos no financiamento da empresa, ao passo que Noftsker apostava em um caminho, tradicional no capitalismo e tornado regra no mundo das *startups* de tecnologia a partir de então, de procurar investidores e apoio em fundos de investimento. A opção de Noftsker angariou mais pessoas, resultando na criação da Symbolics e na saída de muitos integrantes do AI Lab, uma história que Steven Levy conta em seu livro *Hackers: Heroes of the Computer Revolution,* no qual nomeou Stallman, que na disputa ficou ao lado de Greenblatt, como "O último dos verdadeiros hackers", também título do capítulo que detalha o caso.

A proposta de Stallman para o Projeto GNU era dar aos usuários a liberdade que o Unix, sistema operacional robusto e o mais usado no período, criado ainda em 1969, não dava. Para isso, aproveitou as possibilidades que o Unix ainda permitia à época, como o acesso a seu código-fonte, e começou a construir seu próprio sistema operacional, que teria de ser compatível com o mais usado (o Unix) à época, mas, diferente deste, deveria ser "100% software livre". Não 95% livre, não 99,5%, mas 100% – "para que os usuários sejam livres para redistribuir todo o sistema, e livres para alterar e contribuir com qualquer parte"[144]. Daí o nome ser um acrônimo que homenageia o Unix, mas, ao mesmo tempo, se diferencia: *Gnu is not Unix.* Naquele momento, Stallman já havia criado um de seus trabalhos mais conhecidos, um software editor de

[144] Stallman, em um texto em celebração aos quinze anos do GNU. Disponível em: https://www.gnu.org/philosophy/15-years-of-free-software.html.

textos chamado Emacs (abreviação para "edição de macros"), que apresentava uma amostra do que faria mais tarde com o Projeto GNU e que "foi livremente compartilhado com quem aceitasse uma única condição imposta: todas as modificações e melhorias feitas pelos usuários no software deveriam ser também compartilhadas"[145].

No início de 1984, meses depois da anunciar a criação do Projeto GNU, sem mais o ambiente fértil e colaborativo em que convivera durante muitos anos, Stallman saiu do MIT e passou a se dedicar integralmente ao desenvolvimento de seu sistema operacional. Para ele, sair do instituto era imprescindível se quisesse que nada interferisse na distribuição do GNU como software livre: "O MIT poderia ter se apropriado do meu trabalho e imposto seus próprios termos de distribuição, ou inclusive converter o trabalho em um pacote de software proprietário"[146]. No mesmo ano, deu início ao desenvolvimento do Emacs para o GNU, o *GNU Macs*, o primeiro programa do novo sistema operacional, ao qual se seguiriam diversos outros nos anos seguintes, como compiladores de código com diversas linguagens de programação (GCC), "debugadores" (*GNU Debugger*), entre outros.

Em outubro de 1985, Stallman funda a Free Software Foundation (FSF), fundação sem fins lucrativos que até hoje é responsável pelo projeto GNU. Nesse mesmo ano, publica o GNU Manifesto, em que apresenta as ideias relacionadas ao seu projeto e chama programadores para ajudá-lo no desenvolvimento do sistema. Com frases do primeiro anúncio de dois anos antes e com constantes

---

[145] Em Torres, *A tecnoutopia do software livre:. uma história do projeto técnico e político do GNU,* p.128.

[146] Stallman, *Software libre para una sociedad libreFree Software, Free Society*, p.250-1.

modificações até 1987, é até hoje um documento central na filosofia do software livre. Alguns trechos:

> Vendedores de software querem dividir os usuários e conquistá-los, fazendo com que cada usuário concorde em não compartilhar com os outros. Eu me recuso a quebrar a solidariedade com os outros usuários deste modo. Eu não posso, com a consciência limpa, assinar um termo de compromisso de não divulgação de informações ou um contrato de licença de software. Por anos eu trabalhei no Laboratório de Inteligência Artificial do MIT para resistir a estas tendências e outras violações de hospitalidades, mas eventualmente elas foram longe demais: eu não podia permanecer em uma instituição onde tais coisas eram feitas a mim contra a minha vontade. Portanto, de modo que eu possa continuar a usar computadores sem desonra, eu decidi juntar uma quantidade de software livre suficiente para que eu possa continuar sem nenhum software que não seja livre. [...]
>
> Muitos programadores estão descontentes quanto à comercialização de software de sistema. Ela pode trazê-los dinheiro, mas ela requer que eles se considerem em conflito com outros programadores de maneira geral em vez de considerá-los como camaradas. O ato fundamental da amizade entre programadores é o compartilhamento de programas; acordos comerciais usados hoje em dia tipicamente proíbem programadores de se tratarem uns aos outros como amigos. O comprador de software tem que escolher entre a amizade ou obedecer à lei. Naturalmente, muitos decidem que a amizade é mais importante. Mas aqueles que acreditam na lei frequentemente não se sentem à vontade com nenhuma das escolhas. Eles se tornam cínicos e passam a considerar que a programação é apenas uma maneira de ganhar dinheiro.
>
> [...]

> Uma vez que o GNU esteja pronto, todos poderão obter um bom software de sistema, gratuitamente como o ar. Isto significa muito mais do que simplesmente o valor que todos economizarão em uma licença do Unix. Isto significa que muita duplicação de programação de sistemas será evitada. Este esforço poderá ser utilizado em avançar o estado-da-arte. O código-fonte completo do sistema estará disponível para todos. Como resultado, um usuário que necessite de modificações no sistema será sempre livre para realizá-las ele mesmo, ou para contratar qualquer programador disponível ou empresa para realizá-las. Os usuários não estarão mais à mercê do programador ou empresa que é dono dos fontes e é o único que pode realizar mudanças.[147]

O processo do desenvolvimento do GNU a partir de 1985 trouxe diversos aprendizados para Stallman. O principal deles é o fato de que não bastava criar um projeto que tivesse como princípio a liberdade e o livre uso e compartilhamento se não houvesse alguma forma de proteger e garantir essa liberdade também de forma jurídica. Assim, em 1989, foi publicada a General Public License (GPL), uma licença genérica que cobria todos os códigos do projeto GNU e que visava estabelecer liberdades de uso que o copyright em voga nos Estados Unidos não permitia. Stallman precisava "garantir aos usuários do GNU os direitos básicos de acesso, cópia, modificação e redistribuição dos programas e para isso era preciso restringir as restrições a esses direitos. Ele então estabeleceu, com a ajuda do copyright, um sistema que permitia a todos o direito da acessarem os seus programas e a ninguém o direito de restringir esse

---

[147] Stallman, *O Manifesto GNU*. Disponível em: https://www.gnu.org/gnu/manifesto.pt-br.html.

acesso"[148]. Registrou o copyright do programa para, então, liberá-lo, criando um tipo de processo contagioso em que todos os usos só são possíveis se transferidos a outros. Garantia, assim, que ninguém se apropriasse do software.

No texto original da GPL, constam as liberdades que caracterizariam, a partir de então, o que é um software livre, e também a justificativa para usar o sistema de copyright para protegê-lo dele próprio:

> Para proteger os seus direitos, nós precisamos fazer restrições que proíbem a qualquer um negar a você esses direitos ou pedir a você que abdique deles. Essas restrições traduzem-se em certas responsabilidades para você se você distribuir cópias do software, ou se você modificá-lo. Por exemplo, se você distribuir cópias de um programa, grátis ou por uma taxa, você deve dar aos recebedores todos os direitos que você tem. Você deve garantir que eles também recebam ou possam conseguir o código-fonte. E você deve dizer a ele os seus direitos.[149]

O *hack* no sistema jurídico para garantir as liberdades do software livre que deu origem à GPL ganhou o nome de copyleft. Foi um trocadilho com a palavra copyright proposto, segundo conta Stallman[150], por seu amigo Don Hopkins em uma carta enviada a ele em 1984 (ou 1985), na qual Hopkins escrevia a seguinte frase ao final da mensagem: "*Copyleft – all rights reversed*" (Copyleft – todos os direitos invertidos), numa clara relação às notificações de copyright que incluíam a frase "*All rights reserved*" (Todos

---

[148] Torres, op. cit., p.133.

[149] Licença Pública Geral GNU, disponível em: https://www.gnu.org/licenses/licenses.pt-br.html.

[150] Stallman, *Free Software, Free Society;* Gay, op. cit.; Stallman, *Software libre para una sociedad libre*, p.293.

os direitos reservados). Ao longo dos anos, diversas possibilidades de interpretação do trocadilho para além desta inicial foram criadas, entre elas de que copyleft seria "cópia de esquerda" em paralelo ao copyright, "cópia de direita".

Com trocadilho ou de forma literal, o copyleft foi o conceito, expresso na licença GPL e outras ligadas ao Projeto GNU que a seguem até hoje, de requerer a posse legal para, na prática, renunciar a esta ao autorizar que todos façam o uso que desejarem da obra, desde que transmitam suas mesmas liberdades a outros. A exigência formal da posse significa que nenhuma outra pessoa poderá colocar um copyright em cima de uma obra copyleft e tentar limitar o seu uso. Stallman já afirmou que seu objetivo inicial foi idealista: difundir a liberdade e a cooperação, promovendo o software livre, e substituir o software proprietário que proíbe a colaboração. Sua tentativa foi a de buscar conciliar a manutenção da liberdade de uso e modificação do software com uma proteção para que ela não fosse apropriada livremente por qualquer um. Como ele mesmo afirmou:

> A maneira mais fácil de liberar um programa é colocá-lo em domínio público, sem direitos autorais. Isso permite que as pessoas compartilhem o programa e suas melhorias, se desejarem. Mas também permite que aqueles que não acreditam em cooperação convertam o programa em software proprietário. Eles podem fazer alterações, muitas ou poucas, e distribuir seus resultados como um produto proprietário. As pessoas que recebem o programa com essas modificações não desfrutam da liberdade que o autor original lhes deu; o intermediário despojou-as dela.[151]

---

[151] Stallman, *Software libre para una sociedad libre,* p.125.

A partir da GPL e do copyleft, foi construído um aparato legal que, nos anos seguintes, se provaria uma ideia possível de ser posta em prática não apenas no universo da computação, mas também em outras áreas do conhecimento e da cultura, aglutinando vários outros grupos em torno de um desejo antigo exposto na sociedade de democratização dos bens culturais[152]. Tornar o direito do acesso maior que o direito de restrição foi algo que, até então, costumava se manifestar de diversas formas: na negação da propriedade intelectual, nas práticas anticopyright que criticavam a posição de ver os bens culturais como somente mercadorias, no uso indiscriminado de trechos de outras obras sem efetuar pagamento ou mesmo sem reconhecimento de fonte (como nos diferentes usos de plágio criativo) e na recusa da autoria a partir do anonimato ou de identificação coletiva. A ideia de usar o próprio sistema de propriedade intelectual para burlá-lo se mostrou como uma novidade que, com a popularização da internet, logo se espalharia para diversos lugares e áreas muito distantes da sua origem.

III.

No final dos anos 1990, o copyleft se alastra de pelo menos duas diferentes formas. A primeira como uma ideia e uma prática de enfrentamento ao *status quo do* direito autoral e do conhecimento tido como mercadoria, caminho adotado por movimentos ativistas de áreas como meio ambiente e direitos humanos; anarquistas, autonomistas e integrantes de iniciativas ligadas a uma esquerda antineoliberalis-

[152] Torres, op. cit., p.131.

mo; e artistas alinhados a uma contracultura de questionamento da autoridade em diversas áreas, como muitos dos citados no capítulo anterior. O segundo caminho de propagação do copyleft se dá como um discurso aglutinador de práticas em prol da defesa da liberdade de informação e acesso a partir da digitalização e da internet, caso de muitos hackers ligados ao software livre e ao código aberto e de ciberativistas que, nessa época, se propagam para áreas como o compartilhamento livre de arquivos na rede e a defesa de uma mídia livre que busque perspectivas diferentes do jornalismo das grandes redes.

Em alguns casos, as duas formas se misturam, como veremos mais adiante. Mas, em primeiro lugar, é importante dizer como, dez anos depois da criação da GPL, em 1999 o copyleft se torna inspiração principal para a criação de um movimento em torno de uma cultura livre (*free culture*), sobretudo a partir dos Estados Unidos e da Europa. Projetos que surgem nessa época, como o Science Commons, Open Acess e Open Educational Resources (OER) – no Brasil, traduzido por Recursos Educacionais Abertos (REA)[153] –, vão propagar o livre acesso, uso e compartilhamento de recursos em diferentes áreas da mesma forma que a estabelecida a partir das liberdades do software livre propostas por Stallman. Em uma sociedade onde informação, código e lei passam a formar uma trindade cada vez mais poderosa, ideias como a liberdade, os *commons* e a abertura se desenvolvem como chaves em um movimento de cultura livre que visa dar alternativas ao progressivo cerceamento e controle da cultura à época[154].

---

[153] Mais informações sobre Recursos Educacionais Abertos em: https://pt.wikipedia.org/wiki/Recursos_educacionais_abertos.

[154] Mansoux, Livre como queijo: confusão artística acerca da abertura,

Artistas ligados à contracultura e à liberdade do conhecimento passam a olhar para a ideia do copyleft e vê-la como tática, se apropriando dela e a desenvolvendo para fins diversos, inclusive jurídicos. É o caso do surgimento da primeira licença livre fora do âmbito do software, a Licença de Arte Livre[155], criada no início de 2000 por um grupo de artistas franceses no fórum on-line chamado Ataque Copyleft. Publicada em julho de 2000, ela se baseia nos mesmos princípios do copyleft original e surge pelo desejo de desencadear processos criativos, e não por questões ligadas aos direitos autorais ou ao uso de aplicativos[156]. Na visão dos que propuseram a licença, o software livre abriu o caminho real para a expansão de técnicas criativas a partir das mídias digitais, e a arte livre (a licença) ajudaria a evitar a apropriação exclusiva da arte livre (como prática): "Se fixarmos o copyleft como um princípio orientador, a Arte Livre se conecta com o que a arte sempre foi, desde tempos remotos, mesmo antes de reconhecerem que ela possui uma história: uma elaboração da mente, em revolta contra uma cultura que gostaria de dominá-la e entendê-la"[157].

De tradição anticopyright e de nomes coletivos dos anos 1980 e 1990, o coletivo italiano Wu Ming mostraria identificação com o copyleft ao usá-lo como bastião para a sua defesa contra a propriedade intelectual. Os primeiros textos e entrevistas do coletivo a jornalistas que mencionam a questão datam de 2002 e 2003; em especial,

---

em Belisário; Tarim (orgs.), *Copyfight*, p.195.

[155] Disponível em: http://artlibre.org/licence/lal/pt.

[156] Moreau, Sobre arte livre e cultura livre, em Belisário; Tarim, op. cit., p.159.

[157] Ibidem, p.162.

Copyright e maremoto[158], texto publicado por um dos integrantes do coletivo (*Wu Ming 1*), busca defender a *open source* e o copyleft como estratégias que se aliam ao livre compartilhamento contra a privatização da cultura – e que poderiam superar a legislação de propriedade intelectual da época. A força do copyleft derivaria do fato de ser uma inovação jurídica vinda de baixo que supera a mera "pirataria", enfatizando a *pars construens*[159] do movimento real[160].

> A open source e o copyleft se estendem atualmente muito além da programação de software: as "licenças abertas" estão em toda parte, e tendencialmente podem se converter no paradigma do novo modo de produção que liberte finalmente a cooperação social (já existente e visivelmente posta em prática) do controle parasitário, da expropriação e da "renda" em benefício de grandes potentados industriais e corporativos.[161]

Em 2005, o texto *Notas inéditas sobre copyright e copyleft* atualiza o tema e aponta o copyleft não como um movimento ou ideologia, mas um termo que "abriga uma série de práticas, cenários e licenças comerciais e que encarna o que se precisa para reformar e adaptar as leis autorais ao 'desenvolvimento sustentável'"[162].

---

[158] Wu Ming, *Copyright e maremoto.*

[159] *Pars construens* é uma expressão que designa um "argumento construtivo" em algum debate, em contraponto a *"pars destruens"*". A distinção foi feita por Francis Bacon, ainda em 1620. Nota do texto de Wu Ming, *Copyright e maremoto.*

[160] Ibidem.

[161] Ibidem.

[162] Wu Ming, Notas inéditas sobre copyright e copyleft, em *La Remezcla.*

Também no início dos 2000, uma parte do ativismo digital e da academia jurídica passa a observar a movimentação em torno da cultura livre e unir-se em oposição ao cada vez maior endurecimento de leis de direito autoral, principalmente nos Estados Unidos, lugar de origem dos primeiros computadores pessoais, dos softwares para esses computadores e de outros inventos tecnológicos realizados no Vale do Silício. Algumas dessas atualizações na lei foram o *Digital Millennium Copyright Act* (DMCA) e o *Sonny Bono Copyright Act* (também conhecido como o já citado Mickey Mouse Protection Act) – nesse mesmo ano, o Brasil aprovou sua última lei de direitos autorais, que, ainda vigente até a publicação deste livro, ampliou de 60 para 70 anos o prazo de proteção de direitos de autor após sua morte[163].

Um dos principais atores do ativismo e do direito que passa a se organizar em torno da noção de cultura livre é Lawrence Lessig, advogado e professor de direito em Harvard. Membro do Berkman Center for Internet & Society, Lessig acabara de lançar *Code and Other Laws of Cyberspace* (1999), livro que o tornara referência em direito e governança na internet, quando se envolveu na defesa de Eric Eldred, organizador de uma página na internet que disponibilizava livros em domínio público e que havia tirado o seu site da rede em protesto ao acréscimo de vinte anos no prazo de validade do direito autoral proposto no Sonny Bono Copyright Act. Conhecido como Eldred *vs.* Ascroft, o caso, de 1999, se popularizou no meio em função do alcance do site, que na época tinha mais de 20 mil acessos por dia, e pela articulação em sua defesa

---

[163] Valente, *Implicações jurídicas e políticas do direito autoral na internet*, p.150.

proposta por Lessig, que reuniu diversas organizações em defesa do interesse público, como Eletronic Frontier Foundation (EFF), a Free Software Foundation (FSF), a Public Knowledge, entre autores, advogados, economistas e até empresas de tecnologia, como a Intel[164].

Lessig argumentava que a extensão do prazo dos direitos de autor violava a Constituição dos Estados Unidos, que determinava, como Thomas Jefferson e outros liberais defenderam no final do século XVIII, que a proteção a direitos autorais teria prazo limitado[165]. Mesmo apelando ao documento máximo do país, a ação de Lessig foi negada em todas as instâncias, inclusive na Suprema Corte. Serviu, entretanto, para mostrar tanto para Lessig quanto para outros ativistas que os caminhos políticos e jurídicos tradicionais estavam fechados para a negociação sobre flexibilização dos direitos autorais e "que os direitos de acesso e a proteção ao domínio público, nos círculos oficiais, eram vistos como interferências prejudiciais ao comércio eletrônico"[166]. No final dos anos 1990, as legislações para a internet se adaptavam a partir das leis de direito autoral usadas no entretenimento e na cultura, estabelecidas a partir de acordos como os de Berna e de Paris, no século XIX, naquele momento também já incorporados à Organização Mundial do Comércio (OMC).

O caminho buscado a partir das derrotas jurídicas foi o de construir um fato novo para apresentar outros caminhos, jurídicos e políticos, para a defesa do conhecimento e da cultura livre. Desse movimento nascia, em 2001, o

---

[164] Ibidem, p.151.

[165] Na cláusula de direitos autorais e de patentes da Constituição Americana, citada na nota 55.

[166] Valente, op. cit., p.154.

Creative Commons (CC), uma organização sem fins lucrativos que visava construir licenças alternativas ao restritivo "Todos os direitos reservados" do copyright. Oferecia como opção "alguns direitos reservados", em que cada criador poderia escolher o que gostaria de liberar, indo do mais restritivo – que era igual ao copyright já existente – ao menos, como o domínio público[167]. O projeto começou com Lessig, Hal Abelson e Eric Aldred à frente, com apoio financeiro do Center for the Public Domain, centro de pesquisas ligado à Universidade Harvard, onde Lessig trabalhava, tendo por objetivo "expandir o reduzido domínio público, fortalecer os valores sociais do compartilhamento, da abertura e do avanço do conhecimento e da criatividade individual"[168]. Procurava ser uma alternativa pragmática ao sistema vigente do copyright e se inspirava abertamente no movimento do software livre e no copyleft, embora trouxesse características mais amplas, com licenças que serviriam para diversos tipos de obras culturais e não apenas um tipo (o software), como a GPL.

Como muitas das propostas que buscam ampliar o alcance de um dado conhecimento, o Creative Commons teve que simplificar alguns procedimentos, o que levou a muitas críticas sobre uma despolitização da iniciativa e da própria ideia do copyleft. Na construção de seus conjuntos de licenças, por exemplo, o CC estendeu as possibilidades de escolha do copyleft original proposto na GPL sem estabelecer liberdades, direitos nem qualidade fixas – ou sem distinguir o que seria uma licença livre e uma

[167] As licenças CC existentes em 2020 estão detalhadas no site: https://creativecommons.org/licenses.

[168] Em Bollier, *Viral Spiral: How the Commoners Built a Digital Republico of their Own*, traduzido a partir de Valente, op. cit., p.156.

licença proprietária, ambas possíveis dentro das seis licenças de escolha no projeto. Assim, Benjamin Mako Hill, Florian Kramer, Dimitry Kleiner, Anna Nimus, entre outros à época, apontariam que o CC não estabeleceria uma posição ética como o software livre, ou mesmo como o movimento de código aberto[169] – dissidência mais flexível comercialmente em seus princípios que o software livre, mas que também teria, como este, ideias políticas definidas sobre o que estariam defendendo e o que não.

Nessa perspectiva crítica, o Creative Commons deixaria demasiado livres as escolhas para os criadores (ou consumidores), o que serviria mais para reservar os direitos aos *usuários* do que aos proprietários de direitos autorais[170]. Na crítica de Nimus: "o Creative Commons serve

---

[169] Software de código aberto (free/libre/open source software, acrônimo Floss adotado pela primeira vez em 2001) é um nome usado para um tipo de software que surgiu a partir da chamada Open Source Initiative (OSI), estabelecida em 1998 (http://www.opensource.org) como uma dissidência com princípios um pouco mais flexíveis que os do software livre (https://opensource.org/osd), o que propiciou uma expansão considerável tanto do termo "open source" quanto de projetos e empresas que têm o software como produto e motor de seus negócios. A OSI tem como texto filosófico central *A catedral e o bazar*, de Eric Raymond, publicado em 1999. Nele, Raymond trabalha com a ideia de que "*Havendo olhos suficientes, todos os erros são óbvios*", para dizer que, se o código fonte está disponível para teste, escrutínio e experimentação pública, os erros serão descobertos mais rapidamente. O ensaio original pode ser lido, na íntegra, em inglês em: http://www.catb.org/~esr/writings/cathedral-bazaar/cathedral-bazaar, e, traduzido para o português, em: https://www.ufrgs.br/soft-livre-edu/arquivos/a-catedral-e-o-bazar-eric-raymond.pdf.

[170] Kramer, O mal-entendido do Creative Commons, em Belisário; Tarim, op. cit., p.180-1.

para ajudar o produtor a manter o controle sobre a 'sua' obra, o que legitima o controle exercido pelo produtor antes de rejeitá-lo e impõe a distinção entre produtor e consumidor antes de revogá-lo"[171]. Nesse entendimento, que ecoa muitas das práticas antiarte e contrárias ao direito autoral das vanguardas artísticas do século XX, o CC seria como uma versão rebuscada do copyright, que "não contesta o regime de copyright como um todo nem preserva o seu estatuto legal de modo a virar a prática do copyright do avesso, como o copyleft faz"[172].

Não é uma surpresa nem um demérito o caminho pragmático adotado pelo Creative Commons. De influência marcadamente liberal, da tradição de John Locke, Condorcet e Thomas Jefferson, Lessig não queria abolir o copyright, mas reformá-lo. Sua proposta, apresentada via Creative Commons, defendia abertamente a liberdade dos criadores, que estava sendo atacada pelo constante aumento do prazo de extensão dos direitos autorais, o que também ameaçava a manutenção de um domínio público comum. Assim, sua posição foi a de "agregar mais apoio em torno dos objetivos que refazem a paisagem social da criatividade"[173], o que tornou a iniciativa, pelo menos nos primeiros anos, desprovida de todos os princípios políticos e éticos contrários ao copyright que boa parte dos defensores da software livre, do copyleft e de uma cultura livre de tradição anticopyright traziam.

Em diferentes ocasiões, Stallman veio a público falar que, com a propagação do CC nos anos 2000, muita gente passou a questionar a diferença entre copyleft e o Creative Commons. Nos termos propostos para o *hack* jurídico

---

[171] Nimus, op. cit., p.52.

[172] Ibidem.

[173] Ibidem.

do copyleft, apenas uma das licenças do CC estaria contemplada: a CC BY SA - *Compartilhamento pela mesma licença*[174], que permite o reuso e o compartilhamento da obra, inclusive para fins comerciais, desde que mantenha as liberdades obtidas adiante para outros usos, de modo a "contagiar" as outras obras e garantir que elas não sejam fechadas com copyright. Outra licença, a CC BY[175], que dá as mesmas liberdades do domínio público, também é uma licença livre nos termos da GPL e das quatro liberdades do software livre, ao passo que as outras quatro principais licenças Creative Commons - que podem não permitir a modificação da obra e proibir o uso para fins comerciais, por exemplo - não seriam livres.

Mesmo com as críticas, a estrutura do CC, a praticidade de seu conjunto de licenças e sua intenção de buscar defender, mesmo que de forma genérica, o compartilhamento e o domínio público facilitaram a sua propagação por diversos países e para além do mundo da tecnologia. As disputas em torno do compartilhamento de arquivos digitais nos anos 2000 ajudaram também a popularizar o Creative Commons como uma alternativa viável para o combate ao discurso da criminalização da pirataria para quem baixava arquivos protegidos por copyright na rede. "Tudo fica mais fácil quando você não precisa de intermediários" era uma frase ouvida num vídeo de divulgação do CC[176] da época que ecoava a praticidade para os criado-

---

[174] Texto completo da licença disponível em: https://creativecommons.org/licenses/by-sa/2.5/br.

[175] Disponível na íntegra em: https://creativecommons.org/publicdomain/zero/1.0/deed.pt_BR.

[176] "Seja criativo", o vídeo, ainda pode ser visto, dublado em português, no link: https://www.youtube.com/watch?v=FTSnkvni4bM.

res escolherem, de modo antecipado, quais direitos queriam preservar (além do crédito como autor, estabelecido como padrão para todas as obras e reconhecido em qualquer tipo de legislação de propriedade intelectual) e quais queriam liberar. O direito de adaptação ou livre compartilhamento de uma música, por exemplo, facilitaria sua difusão em diferentes versões remixadas – um caso exemplar nesse aspecto é do disco citado nesse mesmo vídeo de apresentação do CC, chamado "Redd Blood Cells", no qual o baixista Steven McDonald, da banda Redd Kross, regravou em uma versão com baixo em todas as músicas o disco "White Blood Cells", do White Stripes, banda só de guitarra, voz e bateria.

A partir de 2003 e 2004, a difusão do CC fez surgir grupos que traduziram e adaptaram suas licenças para as realidades locais em países como Japão, Coreia do Sul, México, Croácia, Portugal, Espanha, Alemanha, Argentina, Uruguai, México, geralmente organizados a partir de instituições de pesquisa e universidades ou de grupos autônomos. No Brasil, os primeiros anos da década coincidiram com a ascensão de Lula à Presidência do país, em 2002, e de Gilberto Gil como ministro da Cultura, em 2003. Figura central da música brasileira, Gil se reuniu com Lessig junto do antropólogo Hermano Vianna, e, segundo consta, "compreendeu rapidamente o projeto e comprou a causa"[177]. Na análise de Hermano Vianna, amigo e parceiro do músico brasileiro, "a cultura do compartilhamento e principalmente a do *sampling* estariam tão ligadas ao tropicalismo que a compreensão da necessidade de pensar a cultura livre foi imediata para Gil"[178]. O quão

[177] Valente, op. cit., p.156.

[178] Bollier, op. cit., p.185, traduzido por Valente, op. cit., p.157.

recombinado já não era o tropicalismo quando *Tropicália ou panis et circencis*, álbum marco do movimento de 1968, juntava Vicente Celestino, John Cage, cultura popular e erudita passando estrategicamente pela cultura pop e fortemente influenciada pela antropofagia proposta por Oswald de Andrade[179]?

A adesão do Ministério da Cultura (MinC) liderado por Gil ao Creative Commons ocorreu a partir de ações como o desenvolvimento da licença CC-GPL, em 2003, que traduziu o texto inicial da GPL para o português, e da adoção das licenças nos materiais produzidos pelo MinC. Marcou também um momento de comprometimento do ministério com o software livre, o que resultou em projetos como os Pontos de Cultura, que, a partir de 2004, distribuiu kits de computadores com sistemas operacionais livres para pequenos produtores culturais Brasil afora. Uma rara política pública que reuniu tecnologia livre e cultura popular, o Cultura Viva[180], como ficou conhecido o projeto, potencializou a propagação do software e da cultura livre no país e tornou o Brasil, à época, um dos principais polos desenvolvedores e consumidores de tecnologias e cultura livre do mundo. Gil, por sua vez, tornou-se próximo de Lessig e um defensor público do CC; divulgou-o como ferramenta democratizante e socializante – o único minis-

---

[179] Em Viveiros de Castro, op. cit., p.81.

[180] O Cultura Viva é "uma política cultural voltada para o reconhecimento e apoio às atividades e processos culturais já desenvolvidos, estimulando a participação social, a colaboração e a gestão compartilhada de políticas públicas no campo da cultura". Apesar de, no momento deste texto, o projeto estar parado e nem existir Ministério da Cultura no Brasil, ele pode ser conhecido em detalhes no portal http://culturaviva.gov.br.

tro da Cultura de qualquer país a fazê-lo, o que também contribuiu para dar visibilidade mundial ao projeto[181].

Uma posição conciliadora, proposta pelo antropólogo Eduardo Viveiros de Castro, sintetiza o impacto do Creative Commons no Brasil e no mundo de um ponto de vista tanto conceitual quanto pragmático.

> É uma tentativa, a meu ver altamente meritória. Eles estão tentando evitar que o mundo virtual seja cercado, assim como foi o mundo geográfico. Que ele seja privatizado. É uma tentativa de manter a informação como um bem de domínio público. O grande ponto para o Creative Commons é que a informação não segue o regime da soma zero, que ela pode ser passada para frente e não diminui com isso. Isso não significa que um autor deva ser plagiado; o ponto é facilitar a circulação. [...] A ideia é que o copyright significa "*all rights reserved*" e o Creative Commons significa "*some rights reserved*". E você diz quais são eles. Existem várias fórmulas, vários tipos de licenças abertas. Trata-se de tentar criar um modo de coabitação no plano da informação que seja tolerável, e que evite o que está acontecendo, que é o controle da informação pelas grandes companhias. Agora isso tudo ainda é, de certa forma, um paliativo. O Creative Commons pode ser visto, como o é efetivamente pelos mais, digamos, radicais, como um estratagema capitalista. O verdadeiro anarquista não quer saber de Creative Commons nem de copyleft, é totalmente radical. A princípio estou com eles, acho a propriedade privada uma monstruosidade, seja ela intelectual ou não, mas sei também que não adianta dar murro em ponta de faca, tapar o sol

181 Valente, op. cit., p.157.

com a peneira. Acho que você tem que transigir, tem que fazer algum tipo de negociação.[182]

A propagação da cultura livre nos anos 2000 teve, além do copyleft e das licenças Creative Commons, outro elemento importante: a publicação de *Free Culture* (*Cultura livre*), de Lawrence Lessig, em 2004. O livro resgata a história da propriedade intelectual a partir de casos emblemáticos, alguns deles já comentados aqui – como as batalhas nos tribunais ingleses do século XVII que originaram o copyright e o uso de histórias de domínio público pela Disney. Inspirada no software livre, a obra faz a defesa de um conceito de cultura livre como aquela que deve ser restrita o mínimo possível, de forma a possibilitar seu compartilhamento, distribuição, cópia e uso sem que isso afete a propriedade intelectual dos bens culturais. Com isso, ajuda a propagar uma visão de cultura que organiza um movimento em prol de modificações nas leis de direito autoral atuais, que, segundo Lessig e outros ativistas, dificulta a criatividade e propaga uma "cultura da permissão", em que todo criador deve pedir permissão se quiser usar uma determinada obra, seja qual for a finalidade. Um movimento pela cultura livre, como passa a ser identificado nessa época, lutaria para manter um domínio público vibrante e acessível a todos, criando, além de leis, também tecnologias, estratégias e táticas para manter as criações livres, não necessariamente "grátis", parafraseando a conhecida frase de Stallman usada no contexto da liberdade do software livre: "*Think free as in free speech, not free beer*"[183].

[182] Viveiros de Castro, op. cit., p.93-4.

[183] "Pense livre como em liberdade de expressão, não cerveja grátis." Muito conhecida no meio do software livre, a frase é atribuída a Stallman por Lessig pela primeira vez em 2006, disponível em: https://www.wired.C.om/2006/09/free-as-in-beer.

Cultura livre, o livro, também apresenta propostas práticas de defesa do domínio público. Algumas delas chegaram a ser discutidas e ainda hoje são consideradas por reformistas, embora se tenha a noção de que, para o interesse dos conglomerados de proteção aos direitos autorais em todo o mundo, elas ainda são vistas como radicais demais. A diminuição do prazo de extensão do copyright, por exemplo, é uma proposta que sempre existiu e que Lessig retoma no livro, de forma a considerá-la a partir da ideia de que esse período "deveria ser longo o suficiente para incentivar a criação, não mais"[184]. O que, além de favorecer o acesso e manter obras por mais tempo em domínio público, evitaria também a necessidade de construir constantes exceções jurídicas que complicam o entendimento, para o grande público que não é advogado, do que é protegido e do que é aberto. Lessig afirma que, até 1976, o período médio de duração de um copyright nos Estados Unidos era de 32,2 anos, e que talvez esse período médio fosse adequado.

> Sem dúvida, os extremistas irão chamar tais ideias de "radicais". (Afinal de contas, eu os chamo de "extremistas".) Mas, repito, o período que eu havia recomendado era mais longo que o período estabelecido por Richard Nixon. Onde está o radicalismo em pedir uma legislação de copyright mais generosa do que a presidida por Richard Nixon?[185]

Outras ideias apresentadas por Lessig na publicação de 2004 soariam como premonitórias para as décadas seguintes, como a relacionada ao compartilhamento de arquivos na rede.

---

[184] Lessig, op. cit., p.263.

[185] Ibidem, p.285.

> Quando for extremamente fácil se conectar a serviços de conteúdo, será mais fácil se conectar a serviços de acesso a conteúdo que baixar e armazenar conteúdo nos muitos dispositivos que teremos para "tocar" conteúdo. Será mais fácil, em outras palavras, assinar um serviço do que se tornar o administrador de um banco de dados, como todos no mundo de tecnologias de compartilhamento como o Napster essencialmente se tornaram. Serviços de conteúdo competirão com o compartilhamento de conteúdo, mesmo que cobrem dinheiro pelo conteúdo ao qual dão acesso.[186]

V.

A internet dos anos 1990 e 2000, período no qual a cultura livre se espalhou, foi um momento de extrema liberdade e imaginação, manifestada pelo otimismo reinante em torno das possibilidades que a rede trazia e pela liberdade de compartilhamento permitida nos diversos sites de disponibilização dos mais variados arquivos de bens culturais do planeta. Como uma rede baseada na troca de informações, a internet desde seus primórdios permitiu e facilitou o livre compartilhamento de arquivos. Enquanto ainda era nicho usado principalmente por cientistas, militares e representantes da contracultura, nos anos 1980 e nos primeiros anos da década de 1990, a livre circulação de informações não chegou a incomodar de modo significativo as indústrias baseadas na propriedade intelectual – afinal, na época, só era possível enviar arquivos pequenos, bytes de informação que circulavam entre poucas pessoas. Os formatos de codificação de um arquivo de áudio, por exemplo, só transformariam uma música em dados que po-

[186] Ibidem, p.289.

dem ser enviados na internet livremente a partir de 1993, com o lançamento do MP3[187], um dos primeiros tipos de compreensão de áudio com perdas quase imperceptíveis ao ouvido humano. Ainda assim, demoraria alguns anos para que o formato se popularizasse e a capacidade da transmissão de dados na internet conseguisse transportar uma música sem sobrecarregar a rede.

Com o início da internet comercial no mundo a partir de 1994 (no Brasil em 1995), milhares de pessoas passaram a poder subir e baixar arquivos livremente, protegidos ou não por copyright, a partir de práticas par a par (*peer to peer*, também abreviada para *p2p*), como o *torrent*, processo descentralizado de compartilhamento que facilita o download de forma a cada usuário poder baixar partes de um arquivo a partir de outras partes espalhadas em diversos computadores – quanto mais dispositivos, mais rápido o processo. A facilidade de circulação de informação proporcionada pela internet cresceu exponencialmente com o aumento da velocidade das conexões; as redes discadas de 56 kbps comuns em 1995[188], em poucos anos seriam de 1.000 kbps

---

[187] O seu *bitrate* (taxa de bits) é da ordem de *kbps* (quilobits por segundo), sendo 128 kbps a taxa-padrão, na qual a redução do tamanho do arquivo é de cerca de 90% – o tamanho do arquivo passa a ser 1/10 do tamanho original. Fonte: https://en.wikipedia.org/wiki/MP3. Como todas as tecnologias citadas neste livro, é fruto de muitas experiências e longos anos de pesquisas científicas, que remetem a formas de transmitir sons em alta qualidade e jeitos de codificar áudios, que resultaram no formato MPEG e, então, no MP3 (MPEG3), história contada em detalhes no artigo "Genesis of the MP3 Audio Coding Standard", de H. G. Musmann, da Universidade de Hannover, na Alemanha, disponível em: https://ieeexplore.ieee.org/document/1706505.

[188] Com essa velocidade, um arquivo de música (3,5 megabytes) em MP3, por exemplo, demoraria em média de 15 a 30 minutos para ser

com a popularização do serviço conhecido como ADSL (*Assymmetric Digital Subscriber Line*, Linha Digital Assimétrica para Assinante[189]), responsável pela maior parte do acesso à internet de computadores pessoais já no início dos anos 2000. Com mais velocidade para baixar arquivos maiores na rede, uma prática temida e combatida desde o princípio do direito autoral voltaria a ser o foco: a pirataria.

Para as indústrias baseadas na propriedade intelectual, os problemas com a pirataria começaram a valer com o Napster, software criado em 1999 – ano também em que

---

baixado para um computador pessoal, enquanto um vídeo de baixa qualidade (700 megabytes), de 28 a 42 horas. Como os dados pela internet e a voz pelo telefone eram transmitidos pelo mesmo canal, somente uma operação poderia ser realizada por vez: baixar um arquivo em MP3 ocuparia a linha telefônica por até 30 minutos, o que caracterizava, para fins de cobrança, uma ligação local de duas horas. Uma operação que, a depender do valor do pulso ou do minuto, poderia aumentar o valor da conta telefônica em centenas de reais no Brasil nos primeiros anos de internet comercial (Foletto, *Um mosaico de parcialidades na nuvem coletiva*, p.117-8).

[189] De modo geral, a ADSL funciona também a partir das linhas e cabos telefônicos, mas com a diferença de que os dados são divididos em três na hora do envio: os dados de download, ou seja, dos cabos que levam as informações da internet para as centrais, e destas para o computador; dados de upload, do computador para os cabos, as centrais e a internet; e a voz via telefone, que é separada das outras informações a partir de um aparelho chamado *Splitter*, instalado tanto na linha do usuário como na central telefônica. A transmissão simultânea desses três tipos de dados se dá em frequências diferentes, mas nos mesmos cabos: a linha telefônica serve como "estrada" para a circulação dos dados dos três tipos. Não há mais a discagem para um número específico para estabelecer uma conexão, como na *dial up*, o que desocupa o telefone e não implica cobrança de pulsos quando do acesso à internet, barateando o serviço. (Foletto, op. cit., p.121).

o formato de distribuição de música MP3 tornava-se comum – por um jovem hacker chamado Shawn Fanning. Funcionava da seguinte forma: um usuário baixava o software, acessava uma interface de busca, procurava por uma música e, caso encontrasse disponível um arquivo com a canção (ou disco) disponibilizado por um ou mais computadores também com o software, selecionava-o para baixar e esperava. As redes de internet domésticas em 1999 e 2000 eram lentas, com velocidade equivalente a 1/10 a 1/300 da velocidade de duas décadas depois; então, a espera pelo download de uma música poderia ser às vezes de horas, um livro algumas dezenas de minutos e um filme, dias ou semanas. Em qualquer das velocidades, a possibilidade de escolha era gigantesca e o arquivo vinha gratuito.

A sacada de Fanning e de seu cofundador Sean Parker (que depois seria um dos primeiros acionistas do Facebook) foi criar um software de interface gráfica amigável, facilmente baixável nos computadores da época, para que qualquer pessoa pudesse buscar suas músicas, em MP3, por nome do artista, disco, faixas e até gêneros inteiros, e fazer o download de uma cópia para sua máquina[190]. Era o hábito de compartilhar músicas, popularizado nas gravações em fitas cassetes dos anos 1970 em diante, levado a uma escala global facilitado por um formato que permitia ao mesmo tempo compartilhar a música e mantê-la consigo nos HDs, CDs e disquetes da época. Uma música em MP3 baixada no Napster trazia também como novidade o fato

---

190 Deak; Foletto, Ambiente digital de difusão: por onde circula a cultura online?, *BaixaCultura*, 14 jun. 2019. Disponível em: http://baixacultura.org/ambiente-digital-de-difusao-por-onde-circula-a-cultura-online.

de ser um "bem não rival"[191], o que significa dizer que poderia coexistir em diferentes cópias e ser transportada para qualquer aparelho que conseguisse ler (portanto *tocar*) as combinações de 0 e 1 que comprimiam uma canção, por mais complexa que fosse, em um pequeno arquivo que resultava em cerca de 4 MB de informação. Nesse momento, não apenas o computador pessoal tocava o formato, mas uma série de aparelhos de som digitais e dispositivos menores, chamados genericamente de "tocadores de MP3", difundidos a partir do Ipod, da Apple, lançado em 2001. Sem falar nos discos compactos a laser (CD-RW), que – como as fitas antes, mas com capacidade de armazenar cerca de 10 horas de centenas de músicas e não apenas 60 minutos – se popularizaram como um jeito barato de distribuição física de arquivos (capacidade: 700 MB) nesse período, depois substituídos pelo Digital Video Disc (DVD), com um pouco mais de seis vezes a capacidade do CD (4,7 GB), e os pen drives, com ainda mais espaço (5, 10, 15 GB em diante).

---

[191] Um outro conceito, criado no Brasil pelo professor de ciência da computação da USP Imre Simon e pelo pesquisador Miguel Said Vieira, falava em "rossio não rival" (ver Simon; Vieira, O rossio não-rival (The Non-Rival Commons), *Revista da USP*). Eles argumentavam que a melhor tradução para *commons* seria rossio, que, de acordo com o dicionário Houaiss, é um "terreno roçado e usufruído em comum". Segundo Savazoni, "o objetivo do esforço empreendido pelos autores era encontrar uma forma de traduzir um termo que não encontra em português correlato ideal, o que o torna realmente difícil de assimilar. Ao fim, a ideia não ganhou muitos adeptos. Tanto que vários autores optaram por manter a expressão no original em inglês, "commons", gerando um anglicismo que, a meu ver, manteve o conceito secundarizado nos debates político-culturais em português" (Savazoni; *O comum entre nós: da cultura digital à democracia do século XXI*).

O download de MP3 gratuito foi a primeira grande possibilidade de quebra, na internet, do sistema baseado na venda de bens culturais erigido pela exploração da propriedade intelectual ainda no século XIX. Sem remunerar os autores pelo download, esse sistema, tendo o Napster como primeiro caso, foi rapidamente atacado: já no final de 1999, a Record Industries Association of America (RIAA) moveu uma ação contra o software de Fanning e Parker, que em seu primeiro ano de funcionamento teve que responder nos tribunais pela acusação de pirataria e se defender contra um pedido de indenização de 100 mil dólares por música baixada. Mesmo com todo o apoio obtido na época, o Napster perdeu o processo e, no ano seguinte, teve que cessar o compartilhamento de obras registradas em copyright, o que não significava que precisasse fechar seus serviços inteiramente. Mas não encontrou solução que fizesse o filtro entre obras com copyright ou não – o que seria muito difícil sem interferir na autonomia e nos dados de cada uma das pessoas que disponibilizavam conteúdo no software – e, em julho de 2001, fechou suas atividades, para no ano seguinte reabrir como um serviço de assinaturas de download de músicas e assim permanecer até hoje[192].

A repercussão que o caso teve entre artistas[193] e ciberativistas; os mais de 100 mil usuários ativos que o Napster re-

---

[192] Sem o alcance que obteve em seus primeiros dois anos, o site foi comprado pelo serviço chamado Rhapsody em 2011 e funciona por assinatura paga no endereço: https://us.napster.com/home.

[193] Um dos casos mais emblemáticos dessa época foi o processo que o Metallica, tendo como porta-voz seu baterista e compositor Lars Ulrich, moveu em 2000 contra o Napster em busca de não apenas o dinheiro de Fanning e seu software como o de usuários que baixavam as músicas da banda, fãs do som do grupo. Se não era algo inédito, era

gistrava em 1999, na maioria jovens do mundo inteiro que davam seus primeiros passos na internet; a capa da revista *Time* de outubro de 2000 com a frase "*What's Next for Napster?*" ("o que vem para seguir o Napster?") e uma foto do jovem (19 anos) Fanning de boné e fones de ouvido imensos; todos indícios de que o processo não terminaria ali. Softwares que funcionavam de maneira semelhante, baseados no compartilhamento *p2p*, se espalharam pela rede, caso de *Gnutella, Grokster, Kazaa, FreeNet, Morpheus, Soulseek*, entre outros, que levaram adiante os mesmos procedimentos de livre compartilhamento de arquivos, enquanto a RIAA seguiu e intensificou os impopulares processos contra usuários que compartilhavam arquivos nesses programas[194].

Nos anos seguintes, a miniaturização dos dispositivos digitais, e consequentemente o seu barateamento, abriu ainda mais espaço em CD-ROM, DVDs, HDs e pen drives para armazenamento de arquivos. A popularização de novas tecnologias de transmissão de dados, como a já cita-

---

no mínimo raro ver um artista processar seus próprios fãs. Sobre esse caso, ver: https://en.wikipedia.org/wiki/Metallica_v._Napster,_Inc.

194 Só em 2004 foram 264 ações movidas pela RIAA, processos que, segundo Valente, op. cit., p.82, foram escolhidos de forma exemplar: "A lei norte-americana, direcionada originalmente a pessoas jurídicas, e não físicas, previa a indenização de 750 a 30 mil dólares, aumentando para 150 mil no caso de condutas dolosas, por cada obra cujos direitos autorais houvessem sido infringidos. As ações causaram grande comoção pública, em especial pelos grandes valores envolvidos, mas também porque a identificação de usuários via endereço IP levava a erros e fez com que a RIAA movesse ações contra indivíduos errados, como foi o caso de um processo contra um morto e uma avó que não sabia baixar música. O resultado, para a indústria de conteúdo, foi uma antipatia e uma dificuldade de posicionamento subsequente no espaço público".

da ADSL (que popularizou o conceito de *banda larga*[195]), via TV a cabo, ondas de rádio e satélites, e depois os sistemas 2, 3 e 4G também para os smartphones, triplicaram a velocidade da internet e diminuíram o tempo de download e upload de conteúdos, enquanto o acesso à rede se tornava mais barato e mais fácil em todo o planeta – sobretudo no norte global. Nesse cenário, a batalha pelo livre compartilhamento de arquivos se tornou uma discussão incontornável. A cultura livre se espraiava na esteira da bandeira da liberdade de acesso e circulação de informação e encontrava espaço para se fortalecer nos serviços de compartilhamento de arquivos e entre pessoas que baixavam conteúdo (com ou sem copyright, muitos não sabiam ou não viam diferença) livremente e queriam manter essa prática. À época, Lessig disse que, "ao passo que no mundo analógico a vida dispensa copyright, no mundo digital a vida está sujeita à lei do copyright"[196], uma frase que demonstra um certo espírito desses anos em que a principal questão política e legal na rede girou em torno do download: sua legalidade ou não, seu impacto na construção do conhecimento, no acesso à informação, na cadeia de pro-

---

[195] Banda larga é um conceito utilizado para, de modo geral, definir conexões mais rápidas que as discadas via modens analógicos de 56 kbps. A recomendação da União Internacional de Telecomunicação define banda larga como a capacidade de transmissão que é superior a 2 ou 5 mbps por segundo. A variação do que é considerado banda larga ao redor do planeta, porém, é diversa; a Colômbia estabeleceu uma velocidade mínima de 1.024 kbps e os Estados Unidos de 25 mbps, por exemplo. No Brasil ainda não há consenso que indique qual é a velocidade mínima para uma conexão ser considerada de banda larga. Fonte: https://pt.wikipedia.org/wiki/Banda_larga.

[196] Lessig, *Code and Other Laws of Cyberspace*, p.192.

dução das artes, na sustentabilidade de projetos culturais, na necessidade de uma reforma das leis de direito autoral para que estas deixassem de criminalizar uma prática habitual de milhões de pessoas.

Os grandes intermediários já citados, representados por organizações que tinham dinheiro suficiente para contratar diversos advogados e ir até o fim em qualquer processo, acionaram na Justiça alguns ícones do livre compartilhamento na rede, caso do site de *torrents* The Pirate Bay (TPB). Pressionados por empresas ligadas à Motion Pictures Association (MPAA), promotores suecos, país de origem do The Pirate Bay, entraram com acusações em 31 de janeiro de 2008 contra Fredrik Neij, Gottfrid Svartholm e Peter Sunde, que administravam o site, e Carl Lundström, empresário sueco que havia financiado de início o TPB, por ajudar a disponibilizar conteúdos com direitos autorais. Foram condenados em 17 de abril de 2009 a uma pena de prisão de um ano e ao pagamento de 2,7 milhões de euros às empresas representadas pela MPAA, como 20th Century Fox, Columbia Pictures, Warner Bros, EMI, entre outras. O caso teve apelação em 2010, que reduziu o tempo de prisão de todos os acusados (4 a 10 meses). Depois de alguns anos foragidos, cumpriram suas penas e desde 2015 estão liberados. O site, que agregava links mas não hospedava os conteúdos protegidos por direitos autorais alegados, se mantém na ativa a partir de diversos espelhos[197].

Na década de 2000, as organizações ligadas à indústria da intermediação tornaram também comuns campanhas

---

[197] Sobre o caso, ver o documentário *The Pirate Bay: Away from the Keyboard*, dirigido por Simon Klose e lançado em 2013, disponível na íntegra em: https://www.youtube.com/watch?v=eTOKXCEwo_8. E a página na Wikipédia: https://en.wikipedia.org/wiki/The_Pirate_Bay_trial.

antipirataria em que insistiam na comparação de um arquivo, copiável e não rival, com um bem físico rival como um CD ou DVD; que um filme baixado era um DVD a menos vendido e, com isso, se ajudava a "matar" os artistas de fome[198]; que a pirataria "acabava com a emoção", pois o arquivo baixado não tinha a mesma qualidade do visto em DVD ou no cinema[199]; que, "quando você está baixando arquivos MP3, você também está baixando o comunismo", numa imagem hoje histórica em que um Lênin vestido de farda militar e cabeça de diabo aparece ao lado de um jovem branco de fones de ouvido em frente a um computador. Houve outros motes parecidos em campanhas, mas nenhuma chegou a acabar com o compartilhamento de arquivos; um site fechado era como matar uma cabeça da Hidra de Lerna, outra crescia no lugar. Mas, ainda assim, serviram para produzir muitos números de cópias destruídas, sites fechados, pessoas processadas, e, principalmente, para mostrar para a indústria da intermediação cultural – principalmente estúdios e distribuidoras de cinema e vídeo para a televisão, gravadoras e distribuidoras de música e editoras de livros – que não seria dessa forma que terminariam com o compartilhamento de arquivos.

Nos anos 2000 também se propagou a ideia de liberar bens culturais e educacionais já existentes para uso, compartilhamento e reapropriação. Na educação, a partir de

---

198 Um exemplo está disponível em: http://baixacultura.org/propagandas-antipirataria-3.

199 Mote de uma campanha da Honour Intellectual Property (HPI) que trazia super-heróis como o Super-Homem, Homem de Ferro e outros salvando o mundo com os dizeres, em inglês, "*Piracy kill the real thrill*". Mais detalhes em: http://baixacultura.org/propagandas-antipirataria-o-retorno-2.

2002, a já citada comunidade internacional REA surgiu com o objetivo de promover o acesso, uso e reuso de bens educacionais. Nos museus, bibliotecas e instituições de memória, houve um movimento semelhante com a adoção das licenças Creative Commons, em particular, como mote para tornar os acervos dessas instituições mais acessíveis, conectados e disponíveis para que usuários pudessem contribuir, participar e compartilhá-los[200], no movimento chamado Open GLAM (Gallery, Library, Archive, Museum). Enraizadas nos princípios éticos do software livre e recombinantes da cultura livre, ambas as iniciativas conquistaram espaço em diversas instituições e governos em diferentes lugares do planeta e das mais variadas ideologias. São, em 2020, depois de muita organização, derrotas e aprendizados no caminho, as áreas onde mais se encontram legalmente obras livres.

VI.

O movimento do livre compartilhamento na rede criminalizado como pirataria só passaria a diminuir sua força na década seguinte, com a entrada de dois grandes atores que, juntos, transformariam a internet em algo bastante diferente daquela dos primeiros anos. O primeiro foram os serviços de *streaming*, que, de uma tendência vaga nos anos 2000, se tornaram um investimento básico mensal, como água e luz, para milhões de famílias de classe média em diversos lugares do mundo a partir dos anos 2010. E

---

[200] Em "Os 5 princípios do Open Glam", *Creative Commons br*, 24 set. 2019. Disponível em: https://br.creativecommons.org/os-5-principios-do-open-glam.

que contou com, é importante frisar, o considerável crescimento da velocidade na rede nesse período, com fibras óticas que permitem uma velocidade pelo menos cem vezes maiores que no início dos anos 2000.

A mesma indústria que promovia campanhas antipirataria soube ouvir uma demanda reclamada por alguns dos que usavam os *torrents* para ter acesso a diversas produções culturais mundiais: *faça melhor que eu pago*[201]. Criaram (ou se aliaram a) plataformas com muita música, filmes e séries à disposição de forma fácil, barata, numa interface amigável, já legendados em muitas línguas (caso dos filmes e séries), com cada vez mais potentes algoritmos que aprendiam o gosto das pessoas e indicavam outros produtos que o assinante poderia querer de forma cada vez mais precisa. Funcionava, ainda, nos já diversos dispositivos (smartphones, tablets) que passariam a se tornar cada vez menores, mais potentes e populares, e com isso conseguiram tanto ganhar aqueles que achavam difícil baixar um filme (ou uma música) como legalizar o consumo cultural on-line, já que tudo aquilo que está no Netflix, no Spotify, na Amazon Prime e no Deezer, alguns dos mais populares desses serviços em 2020, é disponibilizado dentro da lei[202]. Não acabaram com o download par a par, via *torrent*, mas tornaram essa opção mais trabalhosa, restrita a grupos menores – no início na década de 2020, ainda um número considerável (e difícil de mensurar) de pessoas, mas notoriamente menor que nas décadas anteriores.

---

[201] Sobre essa ideia, leia "Faça melhor que eu pago: desafio à indústria", *Leo Germani*, 10 jan. 2010. Disponível em: https://leogermani.com.br/2010/01/10/faca-melhor-que-eu-pago-desafio-a-industria.

[202] Deak; Foletto, op. cit.

O segundo ator a entrar no cenário e diminuir o movimento do livre compartilhamento na internet foram as redes sociais, primeiro o Orkut (ano de lançamento: 2004), depois o MySpace (entre 2005 e 2008, a rede social digital mais popular do planeta) e finalmente, e em muito maior escala, o Facebook (100 milhões de usuários em 2008, 2,5 bilhões em 2020). Navegar na internet era uma frase comum nos anos 1990 e 2000 para designar o hábito cotidiano de entrar em um site e, dele, pular para outro, e outro, e outro, até se perder, horas depois, em uma página em que não se sabia bem como se havia entrado. *Flanêur digital* era outra expressão utilizada para identificar esse caminhante sem rumo pela rede, que se perdia nas esquinas dos blogs como um andarilho pelas ruas das grandes cidades. O Facebook, em especial, mudou esse movimento; trouxe a cidade inteira para o caminhante andar sem sair do lugar. Uma cidade construída por uma única empresa privada que, em cada movimento feito pelo seus habitantes, produzia um dado, o qual, recombinado a outros milhares, tornava-se muito rentável para ser comercializado pela empresa – o "petróleo" do século XXI, na expressão que se tornou clichê na boca de governantes e futurólogos junto de outra também tornada de uso geral a partir dos anos 2010: *Big Data*.

Falar com as pessoas, escrever, publicar, tirar fotos, ver vídeos e trabalhar, atividades que antes eram feitas em lugares diferentes na rede, passaram a poder ser realizadas em um único lugar, o Facebook – que depois, com planos cada vez mais ambiciosos de criar uma internet paralela em seus domínios, foi transformado em dois, com a compra do Instagram (em 2012, por US$ 1 bilhão), e em três, com o WhatsApp (em 2014, por US$ 16 bilhões[203]). Em conjunto com outras das chamadas *big techs* (Google, Amazon, Apple e Microsoft), a empresa criada por Mark Zuckerberg mudou o jeito de as pessoas produzirem e consumirem informação na internet. Passou a dizer onde, como e de que forma a informação passaria a circular na rede – e não eram mais os sites, torrents e blogs criados para o livre compartilhamento de arquivos, mas um único espaço fechado, vigiado e monopolizado, uma ferramenta de *modulação* de opiniões e comportamentos conforme os caminhos oferecidos pelos cada vez mais complexos (e secretos) algoritmos[204].

Foi o fim do curto verão da internet livre[205] e o começo de uma certa *ressaca da internet*[206], em que críticas a certos

---

[203] Fonte: https://tecnoblog.net/151547/facebook-compra-whatsapp-16-bilhoes-de-dolares.

[204] *Ver* Souza; Avelino; Amadeu, *A sociedade de controle: manipulação e modulação nas redes digitais.*

[205] Essa expressão vem do *remix* de *O curto verão da anarquia*, de Hans Magnus Enzensberger, adaptada por Paulo José Lara (vulgo Pajeh) em uma conversa de bar em 2019 em São Paulo, com o nome de *algum projeto que virá.*

[206] Em 2018, sintetizei essa ideia num texto chamado "Ressaca da internet, espírito do tempo", escrito no *BaixaCultura.* Um trecho: "Não sabia, ou não queria acreditar, ou não queria escrever nem falar publicamente que não acreditava, que os grandes atores da internet transformariam a internet no que ela é hoje, um espaço fechado onde nós estamos presos em bolhas algorítmicas privadas das quais pouco ou nada sabemos do seu funcionamento – e só de um ano pra cá, com Trump e Brexit, começamos a ver as potencialidades nefastas para a política desse arranjo entre pessoas e sistemas técnicos como o Facebook". Disponível em: http://baixacultura.org/ressaca-da-internet-espirito-do-tempo.

comportamentos ingênuos adotados nas duas primeiras décadas da rede passaram a ser frequentes – entre estes à cultura livre e, particularmente, ao copyleft. O sociólogo espanhol César Rendueles, em um livro que é todo uma análise da crença ciberfetichista de que a internet resolveria todos os nossos problemas sociais, econômicos e políticos (*Sociofobia*, 2016), resgata um aspecto importante nessa crítica pós-ressaca: a livre circulação de informação e compartilhamento de arquivos pode ser vista também como uma desregulamentação completa, próxima à que ocorre no livre mercado – que estava na raiz da criação do copyright e da proposta inicial de Lessig da cultura livre. Guarda uma relação, portanto, com a universalização do mercado capitalista desenvolvido a partir do século XIX e propaga o "dogma de que a coordenação social surge espontaneamente da interação individual egoísta, sem necessidade de nenhuma mediação institucional"[207].

A crença ciberfetichista criticada por Rendueles foi muito popular nos primeiros anos de internet e moldou uma forma de pensar ainda hoje dominante no noticiário de tecnologia e no discurso das *startups* digitais. Um texto conhecido dessa época a demonstra de maneira nítida: "A Declaração de Independência do ciberespaço"[208], publicada em 8 de fevereiro de 1996, escrito por John Perry Barlow – um dos criadores da EFF e incentivador do Creative Commons – em resposta a um ato que regularia as telecomunicações nos Estados Unidos e pela primeira vez incluía a internet[209].

---

[207] Rendueles, *Sociofobia: mudança política na era da utopia digital*, p. 94.

[208] Barlow, A Declaração de Independência do ciberespaço, em Fórum Econômico Mundial, Davos, Suíça, 8 fev. 1996. Disponível em: http://www.dhnet.org.br/ciber/textos/barlow.htm.

[209] Tendo sido um dos criadores da Eletronic Frontier Foundation

"Governos do Mundo Industrial, vocês, gigantes aborrecidos de carne e aço, eu venho do espaço cibernético, o novo lar da Mente. Em nome do futuro, eu peço a vocês do passado que nos deixem em paz. Vocês não são bem-vindos entre nós. Vocês não têm a independência que nos une"[210].

Suas primeiras palavras já trazem, como num manifesto, uma visão utópica e idealizada de que a internet seria algo externo à sociedade, expressa de forma mais evidente num outro trecho na sequência: "Estamos formando nosso próprio Contrato Social. Essa maneira de governar surgirá de acordo com as condições do nosso mundo, não do seu. [...] Nosso mundo é diferente. Seus conceitos legais sobre propriedade, expressão, identidade, movimento e contexto não se aplicam a nós. Eles são baseados na matéria. Não há nenhuma matéria aqui"[211].

Barlow, também poeta e letrista de uma das mais conhecidas bandas da contracultura hippie da Costa Oeste dos Estados Unidos, o Grateful Dead, soube traduzir a novidade que a internet representou na história da humanidade e se esbaldou com a promessa de que essa liberdade transformaria para melhor toda a sociedade.

(EFF) em 1990, Barlow acompanhava e escrevia sobre aspectos econômicos, políticos e tecnológicos da internet nesse período. A declaração é um texto que traz ecos de outra reflexão chamada "A economia das ideias", publicada em janeiro de 1994 na revista *Wired* (https://www.wired.com/1994/03/economy-ideas), e foi encomendado para um projeto chamado 24 Hours in Cyberspace, um evento que teve como objetivo reunir fotógrafos, jornalistas, editores, programadores e designers para criar, no dia 8 de fevereiro de 1996, uma "cápsula do tempo" colaborativa da vida on-line da época. Fonte: https://en.wikipedia.org/wiki/24_Hours_in_Cyberspace#cite_note-4.

210 Ibidem.

211 Ibidem.

> Estamos criando um mundo em que todos poderão entrar sem privilégios ou preconceitos de acordo com a raça, poder econômico, força militar ou lugar de nascimento. Estamos criando um mundo onde qualquer um em qualquer lugar poderá expressar suas opiniões, não importando quão singular, sem temer que seja coagido ao silêncio ou conformidade. Nossas identidades não possuem corpos, então, diferentemente de vocês, não podemos obter ordem por meio da coerção física. Acreditamos que, a partir da ética, compreensivelmente interesse próprio de nossa comunidade, nossa maneira de governar surgirá. Nossas identidades poderão ser distribuídas através de muitas de suas jurisdições.[212]

Outro texto desse período, escrito para uma revista digital inglesa chamada *Mute Magazine*[213] em 1994, se tornaria conhecido ao analisar essa ideia tecnoutópica: *A ideologia californiana*, de Richard Barbrook e Andy Cameron. A ideologia em questão seria uma mescla das atitudes boêmias e antiautoritárias da contracultura hippie da Costa Oeste dos EUA com o utopismo tecnológico (outro nome para o ciberfetichismo) e o (neo)liberalismo econômico. Uma mescla de ideias um tanto inusitada – "quem pensaria que uma mistura tão contraditória de determinismo tecnológico e individualismo libertário se tornaria a ortodoxia híbrida da era da informação?"[214] – que forma o espírito das *big techs* dos anos 1990 em diante e alimenta o entendimento de que todos podem ser "*hip and rich*". Para isso, bastaria acreditar em seu trabalho e ter fé em

---

[212] Ibidem.

[213] Barbrook; Cameron, The Californian Ideology. *Mute*, v.1, n.3, 1º set. 1995. Disponível em: http://www.metamute.org/editorial/articles/californian-ideology.

[214] Barbrook; Cameron, *A ideologia californiana*, p.10.

que as novas tecnologias de informação vão emancipar o ser humano ao ampliar a liberdade de cada um e reduzir o poder do Estado burocrático[215].

As palavras de Barbrook e Cameron em 1995 são, quase duas décadas depois, precisas e premonitórias:

> Por um lado, estes artesãos hi-tech não apenas tendem a ser bem pagos, mas também possuem considerável autonomia sobre seu ritmo de trabalho e local de emprego. Como resultado, a fronteira cultural entre o hippie e o "homem organização" tornou-se bastante vaga. Porém, por outro lado, esses trabalhadores estão presos pelos termos de seus contratos e não têm garantia de emprego continuado. Sem o tempo livre dos hippies, o trabalho em si tornou-se o principal caminho de autossatisfação para boa parte da "classe virtual".[216]

A ideologia californiana reflete tanto as disciplinas da economia de mercado quanto as liberdades do "artesanato hippie", um híbrido unido pela fé, por vezes cega, de que a tecnologia digital vai resolver os problemas e criar uma sociedade igualitária e sem privilégios ou preconceitos onde, como muito bem representa "A Declaração de Independência do ciberespaço", de Barlow, todos possam expressar suas opiniões sem se importar com o quanto elas sejam singulares e diferentes.

Com a ascensão do *streaming* e das redes sociais ficaria mais visível que uma sociedade onde as tecnologias de informação conectadas em rede resolvem tudo não é necessariamente melhor, e pode ser muito pior. Um sistema algorítmico forte que, como um *deus ex machina*, seja chamado para resolver tudo ao final endossa uma crença

---

[215] Ibidem.

[216] Ibidem.

também conhecida como solucionismo tecnológico – a ideia de que basta um software, um algoritmo, *mais tecnologia*, para resolver e consertar todos os problemas do mundo. É a busca de uma saída mágica, rápida e supostamente indolor que descarta as alternativas institucionais ou construídas pela organização da sociedade civil, mais lentas e complexas, e que pode ser comprada pronta, oferecida por empresas criadas ou de alguma forma relacionadas aos serviços fornecidos pelas *big techs*. Um caminho que, durante a pandemia do novo coronavírus em 2020, passou por uma espécie de túnel de aceleração ultraveloz, com a proliferação de aplicativos que avaliavam, por exemplo, os deslocamentos das pessoas em quarentena, ou rastreavam e qualificavam quem poderia ou não sair de casa a partir de uma série de dados coletados e processados por algoritmos privados[217]. Os mesmos dados usados para algo

[217] Reportagem de Sam Biddle, "Coronavírus traz novos riscos de abuso de vigilância digital sobre a população", *The Intercept*, 6 abr. 2020, disponível em: https://theintercept.com/2020/04/06/coronavirus-covid-19-vigilancia-privacidade, diz que na Coreia do Sul, em Taiwan e em Israel, autoridades usaram dados de localização de smartphones para impor quarentenas individuais. A Palantir, empresa contratada pela NSA dos Estados Unidos, ajudou o Serviço Nacional de Saúde da Grã-Bretanha a rastrear infecções. Aplicativos que se aproveitam da alta precisão dos sensores presentes nos smartphones para impor distanciamento social ou mapear os movimentos dos infectados foram implantados em Cingapura, na Polônia e no Quênia. No Brasil, uma das principais operadoras de internet, a Vivo, diz que anonimiza os dados de localização de seus usuários, mas, na prática, é possível localizá-los, o que viola os direitos individuais por influir na esfera privada de cada pessoa sem autorização e conhecimento, como mostra uma reportagem de Tatiana Dias no *The Intercept Brasil*: "Vigiar e lucrar" (https://theintercept.com/2020/04/13/vivo-venda-localizacao-

entendido como positivo porque diz respeito à saúde de toda a sociedade – o controle do deslocamento de pessoas que poderiam transmitir um vírus – podem também ser usados para uma intrusão ainda maior da publicidade de produtos customizados. O que gera ainda mais classificação – e consequente exclusão – das pessoas conforme seus padrões de consumo na internet e impulsiona a vigilância on-line de todos os hábitos de uma pessoa na rede.

Além de pôr ainda mais em risco a privacidade dos usuários, soluções tecnológicas prontas, produzidas por empresas privadas e compradas como salvadoras por governos, não tocam naquilo que se constituiu como a instituição central da vida moderna: o mercado[218]. A crítica de Rendueles ao copyleft reside também no fato de que o problema principal a ser resolvido com ele é o rompimento das barreiras de livre circulação da informação e acesso a bens culturais, sem, entretanto, e na maior parte das vezes, tocar nas condições sociais desse mercado. A forma como a já citada energia viva das pessoas passa a ser explorada por empresas que não as tratam mais como trabalhadores, mas colaboradores, trocando direitos trabalhistas historicamente conquistados por uma suposta liberdade de escolher seus horários de trabalho, tendeu a ser, durante boa parte da existência do copyleft até aqui, um problema lateral. A fonte dos problemas escolhida não seria o mercado da informação nem o mercado de trabalho, mas sim

---

anonima). Esses mesmos dados de localização foram cedidos para empresas e governos para o monitoramento da pandemia no Brasil.

[218] Morozov, Solucionismo, nova aposta das elites globais, *Outras Palavras*, 23 abr. 2020. Disponível em: https://outraspalavras.net/tecnologiaemdisputa/solucionismo-nova-aposta-das-elites-globais.

as barreiras à circulação e ao uso da informação[219].Outro aspecto da crítica ao copyleft é que mais acesso à informação ou mais obras baixadas não necessariamente significa consciência crítica. A desinformação e o crescimento de um mercado de informações falsas (*fake news*) foi, tanto quanto a proliferação do midiativismo[220], um dos resultados da "liberação do polo emissor da informação" para que qualquer um - com acesso à internet - pudesse falar em um blog, site ou um perfil em redes sociais. Um resultado que é fruto direto de o mercado (de softwares e produtos tecnológicos em especial) se manter intocável, sem regularização estatal ou equilíbrio externo, o que nos últimos anos tem trazido consequências como a proliferação das informações falsas e o uso destas na manipulação de massas de pessoas para fins político-eleitorais, caso das eleições e de Donald Trump nos Estados Unidos em 2016 e de Jair Bolsonaro no Brasil em 2018.

O rompimento de todas as barreiras de entrada de acesso à fala na rede alimentou - e foi alimentado - pelo que o cientista e escritor Jaron Lanier chama de *Bummer* (*Behaviors of User Modified Made into an Empire for Rent*[221]),

[219] Rendueles, op. cit., p.87.

[220] Midiativismo é uma identificação que, popularizada nos anos 1990 e 2000, relaciona-se a movimentos de reação que "aumentam a consciência pública sobre a influência da mídia e fomentaram as demandas de democratização e acesso público à mídia", como diz a pesquisadora Stepania Milan, "When Algorithms Shape Collective Action: Social Media and the Dynamics of Cloud Protesting", em *Social Media + Society*. Em alguns casos, é usado como sinônimo de mídia alternativa e mídia cidadã, entre outros termos. Sobre as definições possíveis de midiativismo escrevi um texto (Foletto, "Midiativismo, mídia alternativa, radical, livre, tática: um inventário de conceitos semelhantes").

[221] Lanier a define em *Dez argumentos para você deletar agora suas re-*

uma máquina estatística (presente nas redes sociais e nos algoritmos de *streaming*, por exemplo) que vive nas nuvens da computação e, sob o pretexto de organizar a informação do mundo, tem modificado o comportamento de milhares de pessoas. A *Bummer*, diz Lanier, busca "otimizar a vida", e ao fazer isso nivela qualquer tipo de informação: o que importa é a circulação de dados, sejam quais forem. É nesse contexto que a proliferação das informações falsas se consagra ao adquirir maior valor de troca do que as verídicas, sendo mais baratas para produzir e potencialmente mais fáceis de circular, direcionadas de acordo com os interesses de grupos específicos para reforçar suas perspectivas prévias sobre a realidade[222]. Nesse cenário, "mais próximo a um pesadelo reacionário do que a um comunitarismo", como diz Rendueles[223], não por acaso têm novamente se discutido as formas de regulação estatal das *big techs*, especialmente

des sociais, livro que propõe uma crítica feroz às redes sociais, os principais exemplos de atuação dessa máquina estatística. Na p.44, ele usa uma curiosa fórmula para memorizar os seis componentes da *Bummer*, cada uma a ser desenvolvida nas páginas seguintes de seu livro: "A de aquisição de Atenção que resulta na supremacia do babaca; B de meter o Bedelho na vida de todo o Mundo; C de Comprimir Conteúdo goela das pessoas abaixo; D de Direcionar o comportamento das pessoas da maneira mais sorrateira possível; E de Embolsar dinheiro ao deixar que os maiores babacas ferrem secretamente todas as outras pessoas; F de multidões Falsas e sociedade Falsificadora".

[222] A análise do valor das informações jornalísticas verdadeiras e da proliferação das informações falsas a partir dos oligopólios de tecnologia da informação é um dos focos que o professor e pesquisador Elias Machado tem trabalhado para sua tese de livre-docência na UFSC. Ele a tem discutido publicamente nas próprias redes sociais e a antecipou a mim, em algumas conversas virtuais, de onde formulei esse trecho.

[223] Rendueles, op. cit., p.102.

na União Europeia e nos Estados Unidos, a partir de leis de proteção de dados pessoais, de propostas de moderação do espalhamento de informações falsas nas redes sociais e taxação dos lucros das *big techs*[224]. É curioso notar que essas propostas de regulação já estavam, entre outros lugares, em diversos trechos do já citado ensaio de Barbrook e Cameron, de 1995, que aponta para um futuro digital como uma mistura de "intervenção estatal, empreendedorismo capitalista e cultura faça-você-mesmo"[225].

VII.

A escolha do movimento da cultura livre em tratar a barreira ao acesso à informação e ao conhecimento como sua principal questão tem várias justificativas, algumas já apresentadas aqui, boa parte delas relacionada à questão da área de origem de seu termo, a produção de software. Para Rendueles, e também Dimitry Kleiner em *The Telekommunist Manifesto* (2010), o copyleft falharia ao não perceber as diferenças implícitas entre o software e a cultura livre. No primeiro, as condições sociais de remuneração dos programadores de software, por exemplo, não costumam ser dependentes da venda por unidade de produção (software), mas por serviço continuado, desenvolvimento, customização e manutenção, entre outras formas ainda

---

[224] Sobre taxação: em 2020, a Europa lançou um pacote tributário que teve como medidas garantir que os países do bloco troquem informações sobre as receitas geradas pelas vendas em plataformas on-line, a ser implementado nos anos seguintes. Fonte: https://www1.folha.uol.com.br/mercado/2020/07/europa-lanca-pacote-tributario-para--apertar-cerco-a-gigantes-digitais.shtml?.

[225] Barbrook; Cameron, op. cit., p.37.

mais complexas que envolvem a venda casada com outros produtos. É prática na área de desenvolvimento de software liberar um código e vender serviços sobre ele também porque esse procedimento, além de ser parte do modo colaborativo e fragmentado em que o software é produzido desde seu início[226], não atrapalha a remuneração dos seus desenvolvedores. Não só é possível liberar um código e vender serviços sobre ele em paralelo como também existe um mercado de tecnologias abertas, inspirado na ideia do movimento open source, em que um dos principais atores é a Microsoft, histórica opositora ao software livre[227].

Nesse aspecto, a situação da cultura é um pouco diferente. Trabalhadores do setor, como músicos, em sua maioria autônomos não assalariados (ao contrário de programadores de software), têm como principal fonte de renda a execução individual de suas obras ao vivo (*shows*) e de uma porcentagem por obra comercializada[228]. A liberação de uma música e a venda de serviços sobre ela, tal qual no software, é ainda possível – e prática de muitos artistas, seja por princípios éticos ou, principalmente, como forma de "isca" para a venda de *shows*. Mas, não sendo assalariados como os de-

[226] "O desenvolvimento de software pode e deve ser fragmentado. Há toda uma mitologia sobre programadores independentes trabalhando em sua garagem de madrugada, mas a verdade é que o desmembramento de um grande projeto em um pacote de problemas a se resolver coletivamente em uma espécie de linha de montagem não é uma opção, e sim uma necessidade técnica." Rendueles, op. cit., p.90.

[227] Um texto da Linux Foundation explica como funciona o trabalho open source da Microsoft: Baker, The Open Source Programa at Microsoft: How Open Source Thrives, *The Linux Foundation*, 2 mar. 2018, disponível em: https://www.linuxfoundation.org/blog/2018/03/open-source-program-microsoft-open-source-thrives.

[228] Rendueles, op. cit., p.86.

senvolvedores de software, é mais difícil existir serviço agregado a ser oferecido que compense o seu custo. Para Rendueles e Kleiner, liberar gratuitamente a informação usada para a produção de um software – o código – não altera a remuneração (na maioria dos casos, já garantida) de seus produtores quanto disponibilizar na íntegra e de graça uma informação musical – uma música ou um disco – modificaria os ganhos de um músico autônomo. Esse argumento, diz Rendueles, foi um dos que teria limitado o alcance das licenças livres baseadas no copyleft para a área cultural.

Há também nessa posição uma ressalva importante: licenciar uma obra cultural para modificação e também para uso comercial, como o copyleft propôs primeiramente para o software, pode se tornar, na prática, pouco razoável para músicos e outros artistas independentes. Por mais criatividade que haja na escrita de linhas de código, ele é um conjunto de instruções a serem executadas por uma máquina, um tipo de produto intelectual que tem uma função específica que depende de outro objeto para ser realizado. Não é preciso dizer que uma obra de arte como uma música ou um filme tem por objetivo uma apreciação estética ou de entretenimento que não costuma ser apenas funcional. Um software e uma obra cultural são objetos de naturezas diferentes, produzidos de jeitos e para fins distintos, o que significaria que também seus produtores não deveriam ser tratados da mesma forma

O próprio Stallman comenta a questão: "para os romances, e em geral para as obras que são utilizadas como entretenimento, a redistribuição textual não comercial poderia ser uma liberdade suficiente para os leitores"[229]. O propositor

[229] Em "Malinterpretar el copyright: una sucesión de errores", na edição (em espanhol) aqui usada: Stallman, *Software libre para una socie-*

do copyleft argumenta que esse tipo de obra, assim como trabalhos que informam o pensamento de uma pessoa (memórias, artigos de opinião e científicos), deveriam ter possibilidades limitadas de uso, pois são diferentes das obras que ele categoriza como "funcionais", nas quais se incluem receitas, obras educativas e os softwares. Ele então defende que, nos casos de obras estéticas e que informam o pensamento de alguém, ter a liberdade de fazer cópias já seria suficiente para que qualquer pessoa pudesse compartilhar como e onde bem quisesse, vetando o uso comercial e certas possibilidades de modificação da obra que pudessem alterar ou deturpar a visão proposta pelo seu autor. Essa perspectiva de Stallman apresenta o copyleft como uma ideia que não quer destruir o copyright, mas reformá-lo, inclusive com alguns pontos que retomam seu início no século XVIII – caso da proposta, defendida pelo criador do software livre no mesmo texto, de alteração para dez anos do período de duração do copyright[230]. Nesse entendimento, os autores teriam, em tese, formas de garantir que suas ideias não seriam deturpadas e que seus ganhos não seriam tão afetados.

Um outro modo, mais prático, de equilibrar a equação remuneração dos autores *vs.* respeito às formas "originais" das ideias *vs.* acesso público aos bens criativos da humanidade é a visão que Kleiner[231] apresenta com o conceito de

---

dade libre, p.119. Tradução minha.

[230] Ibidem. E como detalha Aracele Torres: "A sua justificativa para reduzir o monopólio sobre a cópia a um prazo de dez anos é a de que essa redução teria pouco impacto sobre a edição de obras de hoje, pois ele considera esse tempo suficiente para que uma obra de sucesso seja rentável. Além do mais, de acordo com ele, as obras de um modo geral costumam estar fora de catálogo bem antes desse prazo" (Torres, op. cit., p.168).

[231] Kleiner, *The Telekommunist Manifesto*.

licenças *copyfarleft*[232], que têm uma regra para uso na produção coletiva e outra para uso por quem empregue trabalho assalariado em sua produção. Aos trabalhadoras/es, por exemplo, seria permitido o uso, inclusive comercial, da obra cultural, mas não àqueles que explorem o trabalho assalariado, que seriam obrigados a negociar o acesso[233]. De acordo com sua proposta, "seria possível preservar um estoque comum de bens culturais disponível a produtores independentes das grandes indústrias da intermediação já citadas, mas ao mesmo tempo impedir sua expropriação por agentes privados"[234].

Estoque comum de bens culturais. Domínio público. Aqui aportamos num campo de discussão maior em que, desde meados dos anos 2000, a cultura livre tem desembocado como um afluente caudaloso: o comum (*procomún*, em espanhol; *commons*, em inglês[235]). Conceito amplo,

---

[232] Uma versão atualizada da mesma ideia ganhou o nome de *copyfair* e foi definida por Michel Bauwens, fundador da P2P Foundation, como "um princípio que visa reintroduzir requisitos de reciprocidade nas atividades de mercado". Faz isso ao preservar o direito de compartilhar conhecimento sem objeções, mas visa sujeitar a comercialização de tais bens comuns a algum tipo de contribuição para esses bens comuns (https://wiki.p2pfoundation.net/Copyfair). Uma das licenças criadas como exemplo desse conceito e com as mesmas limitações de venda que a *copyfarleft* é a Peer Production License (https://wiki.p2pfoundation.net/Peer_Production_License), usada no âmbito do comum – no Brasil, é a usada no projeto Biblioteca do Comum (http://bibliotecadocomum.org).

[233] Foletto; Martins; Luna, Encontro on-line cultura livre do sul: a produção cultural comunitária para a construção do comum, *Contratexto,* p.114.

[234] Ibidem.

[235] Savazoni, op. cit., p.29-30.

de larga tradição histórica que remete aos gregos[236], o comum, historicamente, definiu tanto um conjunto de recursos (bosques, água, ar, campos) e coisas (uma ferramenta, uma máquina) como um produto social e uma prática. Em *O comum entre nós*, Rodrigo Savazoni usa as palavras de Massimo De Angelis, *"there is no commons without commoning"*[237], e as do pesquisador brasileiro Miguel Said Vieira para designar o comum como um "substantivo" (o conjunto de bens compartilhados) e um "verbo" (a ação de compartilhar; o *commoning*, o "fazer comum")[238].

São muitos os pesquisadores e pesquisadoras que trabalham com a ideia de comum. A começar por "A tragédia dos comuns", publicado em 1968 pelo ecologista Garret Hardin, que, ao analisar o uso comum de um pasto aberto por diferentes rebanhos, argumenta que uma gestão comum desse e outros comuns livres levarão a sua destruição – a solução seria a privatização ou a estatização. Algumas décadas mais tarde, Elinor Ostrom confronta essa ideia e, com estudos sistemáticos dos modelos de gestão autônoma de bens comuns como alternativa à gestão privada ou exclusivamente estatal dos bens naturais, ganha o Prêmio Nobel em Ciências Econômicas em 2009[239]. Também a partir dos anos 1990 e 2000, o comum se (re)aproxima da luta política do final do século XIX, em especial na esquerda de origem autonomista e a partir de obras (como *Multidão*, de 2004) de Michel Hardt e

---

[236] Savazoni, op. cit., p.45.

[237] De Angelis, Introduction. *The Commoner*, n.11, p.1.

[238] Savazoni, op. cit., p.39.

[239] Depois, cria a Associação Internacional para o Estudo dos Comuns (Iasc), que hoje reúne pesquisadores e ativistas do comum de diferentes países. Site: https://iasc-commons.org.

Antonio Negri, que desenvolvem um conceito de comum "como resultante da prática biopolítica da multidão, que se constitui como uma rede 'aberta e em expansão', múltipla e disforme, ampla e plural, que age para que possamos 'trabalhar e viver em comum'"[240]. Há também a obra de Sílvia Federici, que, sobretudo em *Calibã e a bruxa* (2004) e *O ponto zero da revolução* (2019), evoca a importância do trabalho feminino para preservar os comuns: "As mulheres estavam na dianteira na luta contra os cercamentos, tanto na Inglaterra quanto no 'Novo Mundo', e eram as defensoras mais ferrenhas das culturas comunais que a colonização europeia tentava destruir"[241].

O comum passa a ser com mais frequência relacionado a bens como software, conhecimento e aos arquivos de bens culturais na rede, assim como nos modos autônomos de gestão desses bens pelas comunidades, em meados da década de 2000, com a propagação das tecnologias digitais e da internet. Ao transformar o software em um conhecimento de uso, produção e gestão comum, o copyleft tornou o software livre um *commons* intelectual, diz Benkler em *The Wealth of Networks* (2006), um dos primeiros a aproximar o comum das tecnologias digitais em rede. Os *commons* intelectuais seriam baseados na informação di-

---

[240] Savazoni, *O comum entre nós: da cultura digital à democracia do século XXI*, p.46.

[241] Em Federici, *O ponto zero da revolução*, p.313. Até hoje, são grupos de mulheres que preservam os comuns dos modos de vida coletivos nas montanhas do Peru e de agricultoras de subsistência africanas (que, segundo Federici, produzem 80% dos alimentos que a população do continente consome), para citar dois exemplos. O trabalho da historiadora aproxima os estudos feministas do comum e coloca os meios materiais de reprodução como mecanismo primário para o "tornar comum".

gital posta em circulação na internet, bens não rivais que, ao serem consumidos ou usados por uma pessoa, não se tornam indisponíveis para ser consumidos ou usados por outras[242]. Por conta dessa característica, formariam uma nova modalidade de produção do conhecimento colaborativa baseada em bens comuns (*commons-based peer production* - CBPP), que, na visão do autor, geraria uma nova economia mais democrática e distributiva que a do período industrial.

A formulação de Benkler foi usada nos anos seguintes por alguns "economistas do comum", entre eles Michel Bauwens, criador da P2P Foundation, que "aponta que a economia dos pares dá origem a um terceiro modo de produção, de governança e de propriedade, que persegue o adágio 'de cada um de acordo com suas capacidades; a cada um de acordo com suas necessidades'"[243]. A cultura livre, nesse sentido, seria a face dos bens culturais desse terceiro modo de produção (os outros dois seriam, *grosso modo*, o capitalismo e o socialismo), que "reorganizaria o sistema produtivo em torno do cuidado e da solidariedade, da troca equitativa entre pares e baseada na atuação de empreendedores cidadãos cujo objetivo final não é a maximização do lucro, mas sim a melhoria das condições sociais de todas e todos"[244].

---

242 Torres, op. cit., p.137.

243 Savazoni, op. cit., p.49.

244 Ibidem, p.49.

CAPÍTULO 6
CULTURA COLETIVA

Eu sou porque nós somos.

Ubuntu

O Mestre disse: "Eu transmito, mas não inovo; sou verdadeiro no que digo e devotado à Antiguidade".

Confúcio, *Os analectos*, aprox. séc. IV-II a.C.

A visão ameríndia trata, por exemplo, os objetos como registros menos passivos das capacidades de um sujeito do que as objetificações personificadas dessas relações. De modo que a criação se dá distribuída na relação entre os múltiplos objetos e pessoas, sem esta separação entre sujeito e objeto, intelecto e matéria, que estamos acostumados a fazer no Ocidente. A subjetividade também existe nos objetos e forma uma animada paisagem composta de diferentes tipos de níveis de ações humanas.

Marcela Stockler Coelho de Souza, *The Forgotten Pattern and the Stolen Design: Contract*, Exchange and Creativity among the Kĩsêdjê, 2016

Como feministas temos que nos opor ao caráter patriarcal do direito de autor, gerar um paradigma que valorize a cria-

ção como prática social e comunitária e, sobretudo, buscar mudar as leis que hoje criminalizam ou proíbem práticas fundamentais para a liberdade de expressão, para a troca, a distribuição e a reapropriação da cultura. Temos que calar as musas que inspiram os gênios, para que possam enfim falar as mulheres.

Evelin Heidel (Scann), *Que se callen las musas*, 2017

I.

O fato de nós, ocidentais, termos claro que a organização de ideias em um dado objeto que circula para outras pessoas nos torna autores – portanto, supostamente legítimos proprietários de direitos autorais sobre nossa criação – é fruto de um percurso filosófico e de um modo de ver o mundo que foi brevemente apresentado até aqui neste livro. Mas esse modo de ver o mundo e as coisas não é o único presente neste planeta conhecido como Terra, mas apenas uma *perspectiva*, destacada genericamente aqui como ocidental. Mesmo que essa seja a perspectiva dominante, reguladora da vida nas sociedades capitalistas, cabe lembrar que existem outras, presentes em muitos lugares e comunidades tradicionais, que entram em conflito com certas ideias e modos de agir arraigados na sociedade capitalista, na qual a propriedade intelectual se erigiu. Cuidado, solidariedade, colaboração e coletividade, por exemplo, são valores ainda importantes e dominantes em muitas comunidades e culturas milenares que mantiveram alguns de seus costumes baseados na suficiência, e não na acumulação, e no cultivo de uma sabedoria colaborativa e coletiva à margem da busca individualista e proprietária da cultura predominante no Ocidente.

Como falar em original e cópia, por exemplo, se uma cultura de dois milênios do Extremo Oriente incentiva a reprodução e trata como mais importante do que a origem de uma ideia o seu conteúdo e a sua permanência, mesmo que modificada e reinventada a cada contexto? Ou como dizer que há um único humano dono de ideias quando para muitos povos originários, entre eles alguns ameríndios, não existe a separação entre sujeito e objeto como conhecemos no Ocidente, e a subjetividade criadora, a quem se deveria atribuir a "autoria" ou a "posse" dos bens, é distribuída em uma vasta rede que inclui pessoas e objetos, natureza e sociedade de modo praticamente simétrico?

Na África, por exemplo, há alguns séculos uma filosofia humanista pré-colonial conhecida como *Ubuntu*[245] diz: "*eu sou porque nós somos*". Termo de origem *nguni banto*, influente na luta contra o *apartheid* na África do Sul e conhecida daí até a África Subsaariana, o *Ubuntu* se caracteriza pela humanidade com seus semelhantes através da veneração aos seus ancestrais, de forma fraterna e com compaixão, incluindo aí considerar semelhantes todas as formas de vida – um

---

[245] Considerada uma filosofia de circulação oral e não associada a nenhum texto específico, é uma palavra que tem variantes em diversas línguas africanas: *umundu* em Kikuyu e *umuntu* em Kimeru, duas línguas faladas no Quênia; *bumuntu* em kiSukuma e KiHaya, faladas na Tanzânia; *vumuntu* em shiTsonga e shiTswa em Moçambique; *bomoto* em Bobangi, falado na República Democrática do Congo; *gimuntu* em kiKongo e giKwese, falados no mesmo Congo e em Angola, respectivamente. Fonte: Eze, *Intelectual History in Contemporary South Africa*, p.91.

biocentrismo que também se opõe ao antropocentrismo característico da sociedade ocidental[246], na qual se constituem a propriedade intelectual e o direito autoral. "A episteme e a filosofia negra do Ubuntu tem um sentido de conhecimento diferente do Ocidente, um conhecimento integralizador da razão e da emoção, de forma que o sujeito não apenas vê o objeto, mas também o sente, portanto, 'sujeito e objeto estão mutuamente afetados no ato do conhecimento'"[247].

Uma cosmovisão que tem valores como respeito, cortesia, compartilhamento, comunidade, generosidade, confiança e desprendimento[248], em que o nós prevalece e o eu está incluso no nós, tem dificuldade de se encaixar numa sistema filosófico e jurídico como o do Ocidente. Como tornar um produto único e pertencente a uma pessoa se ele é fruto de um esforço coletivo ancestral e tem por fim a veiculação de uma ideia (ou um objeto) construído a muitas mãos? Comunidades que têm um modo e uma prática de conhecer o mundo guiadas pelo coletivo e pelo comunitário permanecem, ainda que com dificuldades e muitos embates, preservando seus bens culturais e suas tradições há muito tempo, em que pese o confronto com a visão ocidental exclusivista que enxerga produtos de ancestralidade apenas como um bem passível de circulação num mercado. Mais do que nos manter presos a um pas-

---

246 Negreiros, Ubuntu: considerações acerca de uma filosofia africana em contraposição à tradicional filosofia ocidental, *Problemata: R. Intern. Fil.*, v.10, n.2, p.123.

247 Mance, Filosofia africana: autenticidade e libertação, em Serra, *O que é filosofia africana?*, p.75.

248 Como apontados por Nelson Mandela em um vídeo explicativo do Ubuntu disponível em: https://pt.wikipedia.org/wiki/Ficheiro:Experience_ubuntu.ogv.

sado idealizado, examinar um pouco mais algumas dessas perspectivas podem iluminar caminhos alternativos para o presente e nos deixar entender um pouco mais como a cultura através dos tempos se fez e se faz livre.

II.

Shanzai é um neologismo chinês criado nos anos 2000 para dizer o que é falso, *fake*. Abarca de literatura a prêmios Nobel, deputados, parques de diversões, tênis, músicas, filmes, histórias das mais diversas. No princípio, o termo se referia só aos telefones (smartphones) ou à falsificação de produtos de marcas como Nokia ou Samsung e que se comercializam com o nome de Nokir, Samsing ou Anycat. Logo, porém, se expandiram para todas as áreas, em jogos que, à maneira do Dada, usavam da criatividade e de efeitos paródicos e subversivos com as marcas "originais" para criar outros nomes – Adidas, por exemplo, se converte em Adidos, Adadas, Adis, Dasida[249]... São, porém, mais que meras falsificações: seus desenhos e funcionalidades não devem nada aos originais e as modificações técnicas ou estéticas realizadas lhes conferem uma identidade própria[250]. Os produtos *shanzai* se caracterizam sobretudo por sua grande flexibilidade, adaptativos conforme as necessidades e situações concretas, "algo que não está ao alcance de uma grande empresa, pois seus processos de produção estão fixados em longo prazo"[251].

---

[249] Han, *Shanzai: el arte de la falsificación y la deconstrucción en China*, p.73.

[250] Ibidem.

[251] Ibidem.

Em *Shanzhai: el arte de la falsificación y la deconstrucción en China*, o filósofo sul-coreano radicado na Alemanha Byung-Chul Han analisa diversas obras artísticas chinesas, *shanzai* ou não, e ocidentais para trabalhar com a ideia de como são construídas as noções de autoria e originalidade no Extremo Oriente. Para ilustrar a diferença em relação ao Ocidente, cita a ideia de *ádyton*, que em grego antigo significa "inacessível" ou "intransitável". A origem da palavra remete ao espaço interior de um templo da Grécia antiga que era completamente apartado do exterior onde se celebravam os cultos religiosos. "O isolamento define o sagrado", diz Han: a noção do estar isolado para poder se encontrar com Deus, ou consigo mesmo, é diferente no Extremo Oriente, a começar pela arquitetura dos espaços ditos sagrados: "O templo budista se caracteriza pela permeabilidade ou pela abertura completa. Alguns templos têm portas e janelas que não isolam nada"[252].

No pensamento chinês não há *ádyton*, nem como espaço, nem como ideia. Nada se separa nem se fecha: o pensamento de que algo esteja apartado ou isolado do todo é alheio ao modo de pensar predominante no Extremo Oriente[253]. Assim, não haveria a ideia de *original* tal qual se entende no Ocidente, posto que a originalidade pressupõe um começo no sentido estrito, o que uma parte do pensamento chinês tradicional renega ao não conceber a criação a partir de um princípio absoluto e individual, mas sim pelo processo contínuo, sem começo nem final, sem nascimento nem morte, fundamentalmente coletivo. A desconfiança dos princípios imutáveis e dos "gênios" criativos individuais remete à falta de essência e a um cer-

252 Ibidem.

253 Ibidem.

to vazio que, aos olhos ocidentais – exemplificados por Han no pensamento crítico a essas noções orientais do filósofo alemão Hegel, um dos mais influentes pensadores do Ocidente –, pode ser visto como hipocrisia, astúcia ou até mesmo imoralidade.

Falar em autoria, originalidade e, em consequência, de direito autoral, copyright e cultura livre no Extremo Oriente é, portanto, diferente de falar sobre isso no mundo ocidental. Esse modo de pensar que ignora o *ádyton*, o "inacessível", seja enquanto lugar ou como ideia, parte de uma noção de *verdade como processo*, ou seja: mais baseado na *inclusão* contínua de diversos elementos do que na exclusão e consequente união em torno de um único elemento separado do todo, como costumamos pensar no Ocidente. Se a verdade está em processo contínuo de produção, a noção de onde ela vem – sua *originalidade* – perde importância; não é mais a origem única que importa, mas que o conteúdo dessa verdade transcenda, circule, seja reorganizado e complementado de acordo com contextos, objetivos e propósitos variados. Cada elemento é importante como parte de uma ideia que transcende de maneira coletiva, não como parte isolada que detém uma origem e uma autoria.

Diante disso, o processo criativo de uma obra artística e cultural nessa região é marcado pela continuidade e por mudanças silenciosas, não pela ruptura que uma ideia genial trazida por um artista promove, como consagrada na visão ocidental a partir do romantismo. Não se valoriza tanto a *matriz* da ideia, sua origem ou seu autor, mas como ela vai – ou precisa – ser continuada. Se a ideia permanece na cópia, então é como se a obra continuasse, sem ruptura, sem uma "nova obra". É como na natureza:

células antigas são substituídas por um novo material celular. Não se pergunta pela célula original; "o velho morre e é substituído pelo novo. A identidade e a novidade não são excludentes"[254].

Uma parte desse modo de ver a verdade, a originalidade e o processo de criação como algo mais coletivo que individual, remete ao confucionismo (儒學), conjunto de doutrinas morais, éticas, filosóficas e religiosas criadas pelos discípulos de Confúcio após a sua morte, em 479 a.C., que teve grande influência no pensamento da China e de países como as Coreias, Japão, Taiwan e Vietnã, principalmente até inícios do século XX. Natural da província de Lu, hoje Shantung, leste da China, Confúcio vinha de uma família nobre em decadência e teve diversas ocupações em sua vida – professor, funcionário público, político, carpinteiro, pastor – até cerca dos 50 anos de idade, quando começou a viajar com frequência pelas províncias chinesas e angariar discípulos em torno de sua filosofia baseada na vida simples, na coletividade e no altruísmo[255]. Era uma proposta filosófica que retomava alguns costumes de dinastias chinesas mais antigas como Shang (1600-1046 a.C.) e a própria Zhou (1046-256 a.C.), período em que havia uma decadência moral e ética na sociedade chinesa.

A partir da dinastia Han (206 a.C. a 220 d.C.), os ensinamentos de Confúcio passaram a exercer profunda in-

---

[254] Ibidem, p.64.

[255] Apesar de sua importância na tradição chinesa, poucas das informações sobre Confúcio são de fato comprovadas. As aqui citadas são baseadas no registro da Wikipédia em inglês (https://en.wikipedia.org/wiki/Confucius) sobre ele e na introdução da edição brasileira de *Os analectos*, escrita pelo também tradutor da obra do chinês para o inglês, D. C. Lau.

fluência nos governos e na sociedade chinesa, fornecendo o plano do que seria uma vida ideal e a régua pela qual as relações humanas deveriam ser medidas[256]. Reinventadas e reinterpretadas por diversas pessoas ao longo dos séculos, suas ideias moldariam uma série de costumes nas áreas da educação, cultura, política e das relações sociais do país durante diferentes momentos da China imperial. Só perderiam força no início do século XX, quando termina o período imperial chinês e o confucionismo passa a ser acusado de ser "tradicional demais" para conviver com o dinamismo da então sociedade moderna ocidental.

A influência dos ensinamentos de Confúcio na forma de ver a criação na China e nos países do Extremo Oriente passa a ganhar certa repercussão nos estudos sobre propriedade intelectual a partir principalmente do livro *To Steal a Book is An Elegant Offense: Intelectual Property Law in Chinese Civilization*, de William P. Alford, publicado em 1995. O título do livro, "Roubar um livro é uma transgressão elegante", vem de um conceito popular (*Qie Shu Bu Suan Tou*) chinês a partir de *Kong Yiji*, livro lançado em 1919 por um conhecido escritor da época chamado Lu Xun. A história da obra gira em torno de um personagem central que dá nome ao livro, um intelectual autodidata alcoólatra e fracassado que frequenta uma taverna na cidade de Luzhen (魯鎮), base de outras ficções de Xun. Ele não passou no exame de *xiucai*, um dos muitos da China imperial da época, e usa em seu discurso frases clássicas confusas, que geram desprezo entre os outros frequentadores do local, que o ridicularizam também por "fazer bicos" e roubar para comer e beber. Uma de suas atividades era copiar manuscri-

[256] Yu, *Intellectual Property and Confucianism: Diversity in Intellectual Property: Identities, Interests and Intersections*, p.5.

tos para clientes ricos; às vezes, também surrupiava livros desses clientes para trocar por vinho na taverna. "Roubar um livro é uma ofensa elegante" era o argumento que usava quando insultado pelos frequentadores do local.

Kong Yiji, o personagem principal, foi construído como um "arlequim caricato" representando um intelectual autodidata do período clássico chinês em decadência[257] – no final do livro, o personagem morre espancado e é esquecido. A obra foi produzida no contexto do Movimento 4 de Maio, do qual Lu Xun fazia parte, que em 1919 se notabilizou por protestos na capital Pequim e pela crítica anti-imperialista (a última dinastia imperial, Qing, havia terminado em 1911), na qual o confucionismo e seu modo tradicional, hierárquico e coletivista eram considerados como obstáculo à modernização na "competição com outras nações do mundo ocidental"[258]. Nessa perspectiva, a literatura do Movimento 4 de Maio, alinhada também às ideias modernizadoras de outros lugares do mundo nesse período, deveria tentar evitar os clichês da linguística tradicional chinesa que dificultaram e restringiram o pensamento criativo das pessoas por séculos e apostar na inovação tanto no conteúdo, tido como antiquado, como na forma.

Mas quais seriam esses valores e ideias tradicionais que os modernistas do 4 de Maio combatiam? Para o confucionismo, o passado trazia valores sociais, éticos e morais – a ideia da família, por exemplo, como unidade básica que organiza a comunidade – que deveriam ser incorporados na sociedade contemporânea. A necessidade de conhecer o passado para o crescimento pessoal ditava que

---

[257] Em Yu, op. cit., que também cita aqui Feng, *Intellectual Property in China*, p.167.

[258] Yu, op. cit., p.15.

houvesse amplo acesso à herança comum de todos os chineses[259]. Como ter propriedade sobre essas obras do passado permitiria a poucos monopolizar um conhecimento tão essencial para todos, havia então uma contradição entre os direitos de propriedade intelectual e os valores morais tradicionais da China defendidas por Confúcio. Ao enaltecer valores familiares e direitos coletivos, os chineses não teriam desenvolvido o conceito de direitos individuais, portanto não considerariam a criatividade e a inovação como propriedade individual, mas sim como um benefício coletivo para a comunidade e a posteridade. Para aqueles que consideram o individualismo um pré-requisito essencial para o desenvolvimento dos direitos de propriedade intelectual, essa visão de mundo representaria um grande desafio[260].

Havia outro fato importante instalado na cultura chinesa e dos povos do Extremo Oriente a partir do confucionismo. Nessa filosofia, desde muito pequenas as crianças eram ensinadas a pensar a partir da memorização e da cópia dos clássicos, procedimento que, segundo seus mestres, incutiria nos jovens valores familiares, piedade filial e respeito ancestral[261]. A memorização e a cópia, especialmente das obras de Confúcio, tornaram-se procedimentos necessários para garantir o sucesso nos exames do Serviço Público Imperial, aplicados durante treze séculos (entre 605 e 1905, aproximadamente) e que consistiam numa série de provas que serviam para selecionar a quem, entre a população (masculina e descendente da aristocra-

---

[259] Alford, *Steal a Book Is an Elegant Offense: Intellectual Property Law in Chinese Civilization*, p.20.

[260] Yu, op. cit., p.4.

[261] Ibidem.

cia), seria permitida a entrada na burocracia estatal – o que traria poder e glória aos candidatos e honra a suas famílias, distritos e províncias.

Quando essas crianças cresciam, elas se tornavam mais *compiladores* que *compositores*. Memorizavam tantas histórias clássicas que passavam a construir suas narrativas a partir de um extenso processo de copiar e colar (*cut-and-paste*) frases, trechos e passagens desses textos antigos. Se aos olhos de um ocidental, especialmente do século XX e XXI, isso seria visto como plágio, para os chineses da época era visto como um traço distintivo de intelectualidade e conhecimento cultural. "Quando autores chineses tradicionais tomam emprestado trechos de um texto preexistente e, principalmente, de um clássico, espera-se que o leitor reconheça a fonte do material emprestado instantaneamente. Se um leitor é infeliz o suficiente para deixar de reconhecer esse material citado, é culpa dele, não do autor"[262].

Em *Lún Yǔ* (論語, em português conhecido como *Os analectos* ou *Diálogos*), principal coleção de ensaios e ideias atribuídas a Confúcio, está escrito: "O Mestre disse: 'Eu transmito, mas não inovo; sou verdadeiro no que digo e votado à Antiguidade' (*shù ér bù zuò*)"[263]. Embora essa afirmação possa trazer um certo desestímulo à criatividade, tinha por motivo enfatizar o papel de cada um como o portador de uma tradição, e não como o fundador ou originador de uma nova doutrina[264]. Em outro lugar de *Os analectos*, é atribuída a Confúcio a frase: "Merece ser um

---

[262] Em Yu, op. cit., p.8, e Stone, What Plagarism Was Not: Some Preliminary Observations on Classical Chinese Attitudes Toward What the West Calls Intellectual Property, *Marquette Law* Review, 2008.

[263] Confúcio, *Os analectos*, livro VII, cap.1, p.62.

[264] Yu, op. cit., p.7.

professor o homem que descobre o novo ao refrescar na sua mente aquilo que ele já conhece (*wēn gù ér zhīxīn / kěyǐ wéi shī yǐ*)"[265]. Segundo Yu, o pensamento de Confúcio manifestaria uma visão de que "a capacidade de fazer uso transformador de obras preexistentes pode demonstrar a compreensão e a devoção ao núcleo da cultura chinesa, bem como a capacidade de distinguir o presente do passado através de pensamentos originais"[266].

Um último fator que teria influenciado a divergência chinesa com relação à propriedade intelectual tal qual ela foi concebida no Ocidente é um certo desdém dos confucionistas pelo comércio e pela criação de obras por puro lucro. Mais uma vez, *Os analectos*: "As ocasiões em que o Mestre falava sobre lucro, Destino e benevolência eram raras (*Zi hǎn yán lì*)"[267]. Em sua amplamente usada tradução para o inglês, Arthur Waley esclareceu o ensino do mestre acrescentando a nota de rodapé: "Podemos expandir: raramente falamos de assuntos do ponto de vista do que pagaria melhor, mas apenas do ponto de vista do que era certo"[268]. Os comerciantes (*shāng*) eram considerados a mais baixa entre as quatro classes sociais da sociedade tradicional chinesa, atrás de oficial-estudioso (*shì*), fazendeiro (*nóng*) e artesão (*gōng*). Não seria surpresa, portanto, que os confucionistas não tenham dado ênfase, até o século XX, à noção de propriedade intelectual e à ideia correlata dos direitos comerciais exclusivos[269].

---

265 Confúcio, op. cit., p.44.

266 Yu, op. cit., p.7.

267 Confúcio, op.cit., p. 69.

268 Yu, op. cit., p.8.

269 Como afirma Yu, "A propriedade intelectual pode ser vista também na expressão chinesa do termo "patente", *zhuānlì* (专利), que pode

Ao lado do budismo e o xintoísmo, os outros dois conjuntos de ideias mais difundidos no Extremo Oriente, a influência do confucionismo na cultura chinesa fez a perspectiva do direito autoral na região ser voltada, durante muito tempo, mais à defesa de uma base de informação pública, de livre acesso e reuso – o que no Ocidente foi chamado de domínio público. A demora da China em assinar tratados internacionais de propriedade intelectual (a partir da década de 1980, quando também o país passa a ser parte da World Intellectual Property Organization) tem relação com uma cultura coletiva e de defesa do domínio público enraizada desde muito tempo em sua sociedade. E também se associa com a propagação da cultura *shanzai* já citada, que tem a cópia como base para a recriação de diferentes produtos e marcas a partir de uma prática criativa *compiladora* enraizada no dia a dia do povo da região, mesmo com a perda da influência do confucionismo.

Porém, nas últimas décadas do século XX e nas primeiras do XXI, a China não só tem se adequado à visão de propriedade intelectual ocidental como se tornou, em 2020, a campeã de pedidos internacionais de patentes, à frente dos Estados Unidos[270]. De outro lado, também é o país a que mais se

---

ser literalmente traduzida como "benefício exclusivo" ou "lucro exclusivo". Curiosamente, o falecido dr. Arpad Bogsch, o diretor-geral de longa data da Organização Mundial da Propriedade Intelectual, achou o termo tão problemático que "sugeriu que alguma outra terminologia chinesa deveria ser empregada para substituir os dois caracteres chineses, a fim de evitar mal-entendidos" (Yu, op. cit., p.8).

[270] Matéria divulgada pela AFP a partir de comunicado da Wipo em 2019 dizia que a China "conquistou o título" pela primeira vez. "Em 1999, o Ompi recebeu 276 solicitações da China, contra 58.990 em

atribuem infrações de direitos autorais na área musical; a International Federation of the Phonographic Industry (IFPI) afirma que 95% das músicas que circulam no país ocorrem a partir de downloads sem autorização dos proprietários[271]. Para além do questionamento dos dados dessas pesquisas, podemos nos perguntar: como seria uma legislação que respeitasse o passado coletivista da cultura confucionista do Extremo Oriente e dialogasse com uma noção contemporânea de direito autoral do *status quo* do capitalismo? Yu aposta em noções que não visam a uma legislação maximalista – ou seja, que não tenham *todos os direitos reservados* aos detentores de um copyright, por exemplo. O que é o caso do Creative Commons, citado por ele como exemplo de opção em que "os confucionistas podem ter desdém pelo comércio e ainda assim abraçar os direitos de propriedade intelectual"[272].

III.

"Presente de índio" (*Indian giver*) é um termo que aparece nas línguas ocidentais a partir do contato dos colonizadores europeus com os povos originários do continente que seria então batizado por um deles de *América*. Na língua inglesa,

---

2019, 200 vezes mais hoje do que há 20 anos", detalhou o diretor-geral da organização, Francis Gurry. Fonte: AFP, China se torna campeã de pedidos internacionais de patentes, *UOL Notícias*, 7 abr. 2020, disponível em: https://noticias.uol.com.br/ultimas-noticias/afp/2020/04/07/china-se-torna-campea-de-pedidos-internacionais-de-patentes.htm.

[271] O combate à dita pirataria na China pela IFPI gosta de mostrar esses dados, dizendo como e quanto ganhariam as indústrias da cultura se houvesse a adequação às normas ocidentais de direito autoral. Exemplos estão disponíveis na página da organização: http://www.ifpi.org.

[272] Yu, op. cit., p.7.

ele é registrado pela primeira vez em 1765 para definir um tipo de presente pelo qual se espera uma retribuição equivalente. Um século depois, *Indian giver foi* compilado em um dicionário de americanismos como uma frase comum entre crianças de Nova York para se referir a um presente que alguém dá e toma de volta[273], o mesmo significado que ganhou na língua portuguesa e que, particularmente no Brasil, se soma ao sentido de um "presente indesejado" que a expressão ganhou no uso cotidiano.

O uso comum da expressão parte de uma ação que entende como "normal" alguém receber um presente e consumi-lo como qualquer outra coisa recebida ou adquirida. Ocidental e de origem europeia, esse normal não é o costume de muitos povos originários do continente americano e de outras regiões do planeta. Para estes, o que quer que seja presenteado ou doado deve ter alguma retribuição, ser passado adiante, no máximo substituído, não guardado para sempre ou reinvestido para proveito exclusivo de uma pessoa. Um presente é o começo de uma relação circular de vai e volta, que pressupõe responsabilidades mútuas e não termina com o ato de receber, guardar e usar em algum momento, como no hábito das sociedades ocidentais onde o capitalismo prevalece como modo principal de organizar a vida. Sendo o início de uma relação, não pode ser consumido e descartado como uma simples mercadoria. Caso seja, poderá ser tomado de volta: "presente de índio".

O seguinte causo contado por Viveiros de Castro é ilustrativo.

---

[273] Notado em 1765 por Thomas Hutchinson em *History of Massachusetts: From the First Settlement thereof in 1628, until the Year 1750*. E depois definido no dicionário citado, escrito por John Russell Bartlett. Fonte: https://en.wikipedia.org/wiki/Indian_giver.

É muito comum uma equipe de filmagem chegar numa área indígena e oferecer 30 mil dólares para filmar, e os índios conversarem entre si e fazerem uma contraproposta, 40 mil dólares, e fecharem o negócio. Fica combinado. Então se faz o filme e a equipe acha que resolveu o problema. Paga diretinho e coisa e tal. Quando o filme sai, o diretor recebe um telefonema dizendo o seguinte: "Você está nos devendo dinheiro, você roubou da gente!". Aí ele diz: "Peraí, eu assinei um papel, eu já dei os 40 mil", e os índios: "Não, mas você não pagou não-sei-o-quê", ou então "não foi para todo mundo". Aí ele de repente se dá conta de que os índios têm uma concepção da transação, da relação social em geral, radicalmente oposta à nossa. Quando fazemos uma transação, entendemos que ela tem começo, meio e fim, eu lhe dou um troço, você me paga, estamos quites, você vai para um lado, eu vou para o outro. Ou seja, a transação é feita em vista de seu término. Os índios, ao contrário: a transação não termina nunca, a relação não termina nunca, começou e não vai acabar nunca mais, é para a vida inteira. Ao pedir mais dinheiro, não é exatamente o dinheiro que os índios querem, mas a relação. Eles não aceitam que acabou o lance, acabou coisa nenhuma, agora é que vai começar. Donde os famosos estereótipos: os índios pedem o tempo todo. Sim, pedem. E reclamamos que o que eles obtêm é jogado fora de repente: as aldeias ficam cheias de objetos descartados que os índios pediram para nós, insistiram até conseguir, e quando conseguem não cuidam, jogam fora, deixam apodrecer, enferrujar. E os brancos ficam com aquela ideia de que esses índios são uns selvagens mesmo, não sabem cuidar das coisas. Mas é claro, o problema deles não é o objeto, o que eles querem é a relação.[274]

[274] Viveiros de Castro, Economia da cultura digital, em Savazoni; Cohn

Na antropologia, há muitos estudos sobre o tipo de transação que ocorre na troca (ou doação) de presentes. Um dos mais antigos e influentes é o do francês Marcel Mauss, o hoje clássico "Essai sur le don", publicado na França em 1924, traduzido no Brasil como "Ensaio sobre a dádiva"[275], em que ele compara diferentes sistemas de dádivas entre sociedades da Polinésia, Melanésia e noroeste do continente americano para explicitar a troca de dádivas como um fenômeno que pressupõe transações diversas - jurídicas, morais, estéticas, religiosas, mitológicas -, além das econômicas. Mauss afirma que o sistema de troca de dádivas nessas sociedades tem um princípio comum regulador: a obrigação de dar, receber e retribuir. No lugar de reduzir essas transações a meros câmbios de presentes, o francês mostra que esses processos carregam consigo uma dimensão moral que confere sentido às relações sociais, o que as caracteriza como prestações de serviços que visam estabelecer novas alianças e fortalecer antigas[276].

Mauss nota que os bens em circulação nesses sistemas são inseparáveis de seus proprietários e possuem uma substância moral própria relacionada à matéria espiritual

---

(orgs.). *Cultura digital.br*, p.90.

275 A referência original é Mauss, "Essai sur le don", *L'Année Sociologique I*, p.30-186. Em português, o texto está disponível em uma coletânea de artigos do autor: Mauss, *Sociologia e antropologia*. O antropólogo Marshall Sahlins situa as ideias de dádiva na filosofia política a partir de Mauss em *Stone Age Economics* (Economia da Idade da Pedra), publicado em 1972. Lewis Hyde discorre sobre o tema na área da cultura e da arte em *The Gift* (A dádiva), em 1983; entre diversas outras obras consistentes que desenvolvem, aperfeiçoam e recombinam as ideias de Mauss sobre dádiva.

276 Sertã; Almeida, Ensaio sobre a dádiva, em *Enciclopédia de Antropologia*. Disponível em: http://ea.fflch.usp.br/obra/ensaio-sobre-dádiva.

do doador de um dado objeto[277]. Essa substância é doada quando da troca de um presente e passa a circular junto desse objeto, que então nunca vai ser apenas um "simples objeto", seja ele qual for, mas algo que tem *intenção* e que convive em igualdade com as pessoas. Nesse sentido, o sistema da mercadoria conhecido no Ocidente se torna diferente para as perspectivas dos povos tradicionais. Nas palavras da antropóloga Marilyn Strathern (1984), é a oposição da economia da *commodity*, na qual as pessoas e coisas assumem a forma social de coisas, com a economia da dádiva (*gift*), na qual pessoas e coisas assumem a forma social das pessoas[278]. É nesse sentido que, em sociedades originárias de diversos locais do mundo, o modelo de propriedade (particularmente o de propriedade intelectual), calcado na relação da obra de arte como mercadoria de consumo, se torna insuficiente para lidar com uma relação mais duradoura e complexa da circulação de objetos/bens[279]. No sistema cultural das sociedades originárias, é perceptível, em primeiro lugar, a centralidade dos valores coletivos, ligados à pluralidade e à sobrevivência da comunidade, em relação aos valores individuais, de uso exclusivo e escolha individual. O que, por sua vez, faz com que os bens culturais e de conhecimento nesse contexto sejam mais difíceis de se tornar apenas *mais uma commodity*

[277] Ibidem.

[278] Strathern, *The Gender of the Gift: Problems with Women and Problems with Society in Melanesia*, p.84. Citado, nesses termos, por Coelho de Souza, The Forgotten Pattern and the Stolen Design: Contract, Exchange and Creativity among the Kĩsêdjê, em Brightman; Fausto; Grotti, *Ownership and Nurture: Studies in Native Amazonian Property Relations*.

[279] Coelho de Souza, op. cit., p.183.

vendida como mercadoria, pois há princípios e responsabilidades de reciprocidade e solidariedade que buscam valorizar a substância moral própria – que poderíamos também nomear como "alma" – dos objetos em suas relações com as pessoas e o mundo. Para citar um exemplo, os direitos do povo guarani, um dos mais presentes no Brasil e na América do Sul, são guiados pelos princípios de valoração de direitos coletivos em detrimento dos individuais, o que produz normas mais flexíveis, discutidas de tempos em tempos em comunidade nas *Aty Guassu* (grande assembleia), baseadas em suas práticas culturais e que buscam manter o equilíbrio da convivência e o respeito às tradições[280].

Em segundo lugar, há de se ressaltar que, no sistema cultural das sociedades originárias, a noção de coletividade é ainda mais complexa do que parece. A antropóloga Marcela S. Coelho de Souza (2016) diz que, para povos ameríndios como o Kĩsêdjê, da região próxima ao parque do Xingu, norte do estado do Mato Grosso, na Amazônia brasileira, nem sujeito nem objeto, nem criador nem criatura se comportam de acordo com as expectativas ocidentais embutidas nessas acepções. O coletivo aqui não envolve apenas pessoas, mas também objetos e as diferentes relações mútuas entre estes, o que torna o vocabulário proposto pela noção de propriedade intelectual, calcado

[280] "O Direito indígena é uma práxis nascida do consenso social, modificando-se na própria práxis. São esses princípios que norteiam a moral comunitária, tabus e mitos, que cerceiam e redirecionam a convivência social ao plano do equilíbrio e quando então ocorre um desequilíbrio, esses princípios são direcionados a sanar a ruptura havida." Vale conferir o artigo: Machado; Ortiz, Direito e cosmologia Guarani: um diálogo impreterível, *Revista de Direito: trabalho, sociedade e cidadania.*

na separação clara entre sujeito e objeto, criador e criatura, muito pobre para ser usado nesses casos.

Não é fácil harmonizar a lógica de direitos coletivos de um dado sujeito sobre seu objeto de criação também porque, para muitos povos ameríndios, quase tudo que define a cultura humana vem de fora, ou é obtido de forças exteriores. No caso do povo Kĩsêdjê, por exemplo, o milho vem do rato; o fogo do jaguar; nomes e ornamentos corporais de uma raça de anões canibais; músicas das abelhas, abutres, árvores e tartarugas aquáticas, entre outros casos que permitem afirmar: "se a cultura dos Kĩsêdjê pertence aos Kĩsêdjê, é justamente por que não são eles os criadores"[281]. Coelho de Souza afirma que, quando direitos envolvendo bens culturais e de conhecimento estão em jogo, eles nunca surgem como direitos coletivos que podem ser inequivocamente atribuídos a pessoas ou grupos, mas antes a uma vasta rede de prerrogativas heterogêneas, direitos e obrigações que não se encaixam facilmente nos moldes da representação legal requerida nas formas de um contrato jurídico[282].

Criação e propriedade intelectual no pensamento ocidental, especialmente a partir do Iluminismo e de John Locke no século XVII, são noções ligadas à ideia de que objetos (histórias, narrativas) são feitos a partir do intelecto humano, fruto de nossa subjetividade e como algo que é uma extensão de nossa identidade. Nessa ideia, a criatividade é concretizada com a produção de um dado

---

[281] Coelho de Souza, op. cit., p.183.

[282] Coelho de Souza, op. cit., p.181, citando outro texto conhecido da antropologia no Brasil: Carneiro da Cunha, "Cultura" e cultura: conhecimentos tradicionais e direitos intelectuais, em *Cultura com aspas e outros ensaios*, p.311-73.

objeto, mas não emana deste, que permanece inerte e sem vida – pelo menos em sua concepção legal e tradicional. A propriedade intelectual, nesse sentido, é ancorada na relação entre pessoas com respeito a (e mediada por) coisas[283], com uma clara separação entre o que é matéria e o que é espírito, sujeito e objeto.

A visão ameríndia é bastante distinta. Trata, por exemplo, os objetos como registros "menos passivos das capacidades de um sujeito do que as objetificações personificadas dessas relações"[284]. De modo que a criação se dá *distribuída* na relação entre os múltiplos objetos e pessoas, sem essa separação entre sujeito e objeto, intelecto e matéria, que estamos acostumados a fazer no Ocidente. A subjetividade também existe nos objetos e forma uma animada paisagem composta de diferentes tipos de níveis de ações humanas[285]. Para os ameríndios, cada objeto, assim como animal, é potencialmente um sujeito, o que nos faz remontar ao *perspectivismo ameríndio* proposto por Eduardo Viveiros de Castro e Tânia Stolze Lima, conceito amplamente difundido na antropologia e que podemos definir como a ideia de que "seres providos de alma reconhecem a si mesmos e àqueles a quem são aparentados

---

[283] Coelho de Souza, op. cit., p.182. Tradução minha para: "*Property is anchored as a relation among people with respect to (mediated by) things*".

[284] Ibidem, p.182.

[285] Adaptação minha, no original: "*In this distributed mode, recombinations are not the work of an intellect separated from matter; here, subjectivity exists distributed in objects, forming 'an animated landscape composed of different kinds of bodies in which change and effect are events with meaning on the same level as human actions' (Leach, 2004, p.169). [...] 'People' and 'things' appear then as indexes of capacities and powers the apprehension of which becomes the focus of the explicit practice of subjects*" (Coelho de Souza, op. cit., p.183).

como humanos, mas são percebidos por outros seres na forma de animais, espíritos ou modalidades de não humanos"[286].

Embora essa concepção seja específica do perspectivismo ameríndio, ela também pode ser aproximada a uma noção mais ampla, compartilhada por outros povos originários da América Latina e de outros lugares do mundo, de não separação entre natureza e sociedade. Central para o que se costuma chamar de modernidade, essa separação tem sido questionada na antropologia faz muitas décadas[287], com mais força ainda a partir dos fenômenos ligados ao aquecimento global, a partir dos anos 1990, em que decisões políticas tomadas por governos, pessoas e empresas ("sociedade") têm provocado alterações irreversíveis no clima do planeta ("natureza"). Para os povos originários, como os Kĩsêdjê e os Guarani citados aqui, essa divisão nunca existiu; a mesma concepção de mundo que não separa sujeito e objeto e que os inclui no que é chamado coletivo também não vê diferença entre natureza e sociedade.

Não é por acaso, portanto, que a influência indígena em países latino-americanos tem trazido o debate em torno

---

[286] Essa definição aqui vem com a ajuda de Maciel, "Perspectivismo ameríndio", em *Enciclopédia de antropologia*. Disponível em: http://ea.fflch.usp.br/conceito/perspectivismo-amer%C3%ADndio. O conceito está detalhado em, entre outras obras, *Um peixe olhou para mim: o povo Yudjá e a perspectiva*, de Tânia Stolze Lima; e *A inconstância da alma selvagem e outros ensaios de antropologia* e *Metafísicas canibais: elementos para uma antropologia pós-estrutural*, de Eduardo Viveiros de Castro.

[287] Entre outros autores, Bruno Latour, em *Jamais fomos modernos*, discute a ideia de que a modernidade começa com a cisão entre natureza e sociedade no mundo ocidental, o que abriu caminho para a destruição da natureza. "A natureza e a sociedade não são dois polos distintos, mas antes uma mesma produção de sociedades-naturezas, de coletivos" (p.138).

dos direitos da natureza[288], uma perspectiva que questiona essa separação e tenta incluir árvores, rios, montanhas e florestas como seres de direito dentro de um sistema legal vigente ocidental. A Constituição de Montecristi da República do Equador, por exemplo, promulgada em 2008, afirma no artigo 71 do capítulo VII:

> A natureza ou Pacha Mama, onde se reproduz e se realiza a vida, tem direito a que se respeite integralmente a sua existência e a manutenção e regeneração de seus ciclos vitais, estrutura, funções e processos evolutivos. Toda pessoa, comunidade, povoado, ou nacionalidade poderá exigir da autoridade pública o cumprimento dos direitos da natureza. [...] O Estado incentivará as pessoas naturais e jurídicas e os entes coletivos para que protejam a natureza e promovam o respeito a todos os elementos que formam um ecossistema.[289]

A inclusão (ou tentativa) de seres vivos não humanos em legislações e constituições, como no caso do Equador, reverbera também a ideia do bem viver (*buen vivir*), uma noção comum há muito tempo entre povos originários da

---

[288] Ou "direitos não humanos". Ver Gudynas, *Direitos da natureza: ética biocêntrica e políticas ambientais.*

[289] A Assembleia Constituinte foi presidida por Alberto Acosta, e incluiu ainda 99 artigos que abordam expressamente a questão. Esse trabalho faz parte de um movimento de diferenciação latino-americana da tradicional teoria constitucional europeia, chamado na área de "neoconstitucionalismo latino-americano", que inclui também as constituições da Colômbia (1994) e da Venezuela (1999). Para mais detalhes, ver: Shiraishi Neto; Tapajós Araújo, "'Buen vivir': notas de um conceito constitucional em disputa", *Pensar*, p.379-403, maio-ago. 2015. Disponível em: https://periodicos.unifor.br/rpen/article/viewFile/2886/pdf.

América Latina[290] e que tem sido retomada nas últimas décadas como uma crítica ao desenvolvimentismo e à necessidade de crescimento e acúmulo de riquezas à custa tanto da natureza quanto de muitas das populações que dela vivem diretamente. Para o bem viver, também não deve haver separação entre natureza e sociedade, o que, por sua vez, não deve ser confundido como uma "volta ao passado", mas a busca, nas raízes ancestrais dos povos originários, por uma convivência mais harmoniosa entre homem e natureza que nos traga saídas, particulares a cada comunidade, para a crise ambiental e também social que vivemos hoje.

Em povos nos quais não há separação entre natureza e cultura, sujeito e objeto, e em que o coletivo, em toda a complexidade que esse termo pode ter para esses povos, é prioritário em relação ao individual, é mais difícil falar de noções como propriedade intelectual, direitos autorais e cultura livre tal qual comentamos até este capítulo[291]. As

---

[290] O termo remete a idiomas originários: *sumak kawsay* em quéchua, *suma qamaña* em aimará, além de aparecer também como *nhandereko* e *teko porã*, em guarani. Há noções similares ainda entre os povos Mapuche no Chile, os Kunas no Panamá, os Shuar e os Achuar da Amazônia equatoriana, assim como nas tradições maias da Guatemala e de Chiapas no México. Ver Acosta, *O bem viver: uma oportunidade para imaginar outros mundos.*

[291] Além de Brightman; Fausto; Grotti (orgs.), *Ownership and Nurture: Studies in Native Amazonian Property Relations,* de 2016, coletânea que traz o artigo de Marcela Coelho de Souza aqui citado, há pelo menos duas obras importantes para quem quer ir mais a fundo no tema: Strathern, *Property, Substance, and Effect: Anthropological Essays on Persons and Things*, e Hirsch; Strathern, *Transactions and Creations: Property Debates and the Stimulus of Melanesia.* Agradeço a Eduardo Viveiros de Castro por essas três indicações.

ideias de cópia, plágio, apropriação e remix foram apresentadas dentro de uma concepção *proprietária* de mundo, vigente no Ocidente desde o princípio do capitalismo, mas que para esses povos citados não é o normal. Ainda assim, não há como negar que o sistema capitalista busca, com frequência, se apropriar dos conhecimentos e dos bens culturais desses povos originários para deles extrair valor e então vender como mercadoria – como é o caso desde produtos da floresta usados como remédios ancestrais a padrões de desenhos reconhecidos como *design*. Como, então, criar mecanismos que fomentem o pensamento coletivo e comunitário incutido nesses povos, respeitem sua cosmovisão e, ao mesmo tempo, protejam sua cultura de gerar mercadorias a serem colocadas à venda num mercado onde a maior parte do valor obtido não irá para eles?

Há dificuldade de uma resposta única para essa questão. Se, como já vimos, um software tem condições de produção diferentes de uma música ou de um desenho, também os contratos desses bens precisam ser diferentes, de acordo com contextos e atores envolvidos. A proteção de um domínio público amplo não é excludente da remuneração de quem (re)cria, como demonstram as licenças Arte Livre, Creative Commons e Copyfarleft citadas no capítulo anterior. A equiparação de objetos e pessoas e o estabelecimento de uma relação longa de dádiva que não termina sem guerra podem ser contemplados por negociações mais complexas, que inventem outros termos que não os habituais utilizados no campo da propriedade intelectual. Algumas das palavras desse novo vocabulário não têm nada de novas; o copyleft oitentista e o milenar comum oriundo do *res commune* romano, por exemplo, podem ser usados e recriados a partir das perspectivas ameríndias citadas para estabelecer novos e proteger velhos comuns através de práticas cotidianas de cuidado e resistência – inclusive no aspecto legal, essa interface de mediação que muitas vezes é necessária para a garantia de um bem viver para todos.

IV.

O cultivo de bens culturais livres à margem da busca individualista e proprietária da cultura predominante no Ocidente requer resistência e criatividade. Resistir é procedimento necessário para a preservação de uma ampla base de dados coletiva de criação, ao passo que criar é necessidade básica para reinventar conceitos e práticas para construir caminhos alternativos de produção, circulação e remuneração da cultura menos restritivos e mais autônomos. Nesse sentido, há propostas distintas. Para o Creative Commons, reformar as leis de direitos autorais concedendo o direito de escolha das liberdades de uso, circulação e produção para os identificados como autores é um caminho para a construção de um domínio público vibrante e acessível. Para o copyleft proposto por Stallman, tornar softwares e alguns bens culturais livres é uma saída para lutar contra monopólios que retiram a liberdade de criação e de escolha autônoma dos usos de uma determinada obra.

Outras pessoas, como a ativista do conhecimento livre Evelin Heidel (Scann), dizem que o feminismo deveria se opor ao caráter patriarcal do direito de autor. Propõe, então, modificar a legislação não de modo punitivista para dar mais proteção a criações de mulheres que ficaram de fora dessas legislações, mas sim para gerar um paradigma que valorize a criação como prática social e comunitária.

"Buscar modificar as leis que hoje criminalizam ou proíbem práticas fundamentais para a liberdade de expressão, para o intercâmbio, a distribuição e a reapropriação da cultura", de modo que se calem as musas que inspiram os gênios para que, enfim, se possa falar das mulheres[292].

Para alguns também aqui citados, como Anna Nimus, abolir o copyright pode ser a saída. Joost Smiers e Marieke van Schijndel imaginaram um mundo sem copyright que tem como ideia principal o fato de que a proteção oferecida pelos direitos de autor não é necessária para o processo de expansão da criação artística. Eles citam diversos argumentos que fazem que seja ilógico apostar no direito autoral como modelo de regulação da produção cultural; o fato de ser um direito exclusivo e monopolista de uma obra privatiza uma parte essencial da nossa comunicação e prejudica a democracia, por exemplo[293]; a questão de se ele é de fato um incentivo econômico ao criador, motivo alegado desde o princípio do direito autoral, mas que alguns estudos econômicos citados demonstram que, das receitas obtidas de cópias vendidas, 10% vai para 90% dos artistas e 90% vai para 10%[294]; a falsa ideia de originalidade como expressão individual e exclusiva de algum criador; o fracasso do combate à chamada pirataria de arquivos digitais de obras culturais na rede. Como solução, Smiers e Van Schijndel apontam para algo próximo ao comum: "Acreditamos que é possível criar mercados culturais de forma a

---

[292] Heidel (Scann), op. cit. Disponível em: https://www.genderit.org/es/feminist-talk/columna-que-se-callen-las-musas-por-qu-el-feminismo-debe-oponerse-al-copyright.

[293] Smiers; Van Schijndel, *Imagine um mundo sem direitos do autor nem monopólios*, p.10.

[294] Ibidem, p.13.

que a propriedade dos recursos de produção e distribuição esteja nas mãos de muita gente. Nessas condições, achamos nós, ninguém poderá controlar o conteúdo ou a utilização das formas de expressão cultural através da detenção exclusiva e monopolista de direitos de propriedade"[295].

No Encontro de Cultura Livre do Sul, realizado por coletivos culturais da Ibero-América nos dias 21, 22 e 23 de novembro de 2018[296], eu e uma série de ativistas e pesquisadores discutimos e buscamos respostas para algumas das questões abordadas neste livro. Durante as seis mesas de debate do encontro, falamos sobre políticas públicas e marcos legais de direitos do autor; digitalização de acervos e acesso ao patrimônio cultural em repositórios livres; de laboratórios, produtoras colaborativas, hackerspaces, hacklabs e outras formas de organizações que defendem e praticam no dia a dia a cultura livre; de como nos inserimos em uma rede internacional que também defenda os bens comuns; das muitas formas de produção cultural - editorial, musical, audiovisual, fotográfica - que estão sendo realizadas no âmbito das licenças e da cultura livre; e das plataformas, conteúdos e práticas educacionais que têm o livre como paradigma de ação e propagação.

Junto com os mais de duzentos participantes, pensamos sobre as especificidades da cultura livre no sul global em relação ao norte. Como um dos resultados, escrevemos o Manifesto da Cultura Livre do Sul Global[297], que propõe alguns princípios, conceituais e práticos, que acre-

---

[295] Ibidem, p.6.

[296] Todos os debates podem ser vistos aqui: http://baixacultura.org/encontro-de-cultura-livre-do-sul-todos-os-videos-y-relatos.

[297] Disponível em: http://baixacultura.org/cultura-livre-do-sul-global-um-manifesto.

ditamos serem importantes para a propagação e o cuidado de uma cultura livre neste sul que não é somente geográfico. O trecho a seguir do manifesto foi um desfecho para o encontro – e também cabe estar aqui, adaptado, não para encerrar, mas para manter acesa a longa e contínua discussão sobre a cultura livre através dos tempos.

> A discussão sobre a liberdade de usos e produção de tecnologias livres tem sido fundamental para a cultura livre desde o princípio, mas acreditamos que, no sul, temos a urgência maior de nos perguntar para que e a quem servem nossas tecnologias livres. Não basta somente discutir se vamos usar ferramentas produzidas em softwares livres ou se vamos optar por licenças livres em nossas produções culturais: necessitamos pensar em tecnologias, ferramentas e processos livres que sejam usados para dar espaço, autonomia e respeito aos menos favorecidos, financeira e tecnologicamente, de nossos continentes, e para diminuir as desigualdades sociais em nossos locais, desigualdades estas ainda mais visíveis no contexto de ascensão fascista global que vivemos neste 2020.
>
> Desde o sul, temos que pensar na cultura livre como um movimento e uma prática cultural que dialogue intensamente com as culturas populares de nossos continentes; que respeite e converse com os povos originários da América, que estão aqui em nosso continente vivendo em uma cultura livre muito antes da chegada dos "latinos"; que defenda o feminismo e os direitos iguais a todos, sem distinção de raça, cor, orientação sexual, identidade e expressão de gênero, deficiência, aparência física, tamanho corporal, idade ou religião; que dialogue com a criatividade recombinante das periferias dos nossos continentes, afeitas ao compartilhamento comunitário e sendo alvo principal do extermínio praticado por nossas polícias regionais; que busque resguardar nossa privacidade a partir de táticas

antivigilância e na defesa do direito ao anonimato e à criptografia; e que lute pela propagação das fissuras no sistema capitalista, buscando, a partir de uma prática cultural e tecnológica anticopyright, formas alternativas e solidárias de vivermos em harmonia com Pachamama sem esgotar os recursos já escassos de nosso planeta.

Pensar e fazer a cultura livre desde o sul requer pensarmos na urgência das necessidades de sobrevivência do nosso povo. Requer nos aproximarmos da discussão sobre o comum, conceito-chave que nos une na luta contra a privatização dos recursos naturais, como os oceanos e o ar, mas também dos softwares livres e dos protocolos abertos e gratuitos sob os quais se organiza a internet. Nos aproximar do comum amplia nosso campo de disputa no sul global e nos aproxima do cotidiano de comunidades, centrais e periféricas, que lutam no dia a dia pela preservação dos bens comuns.

Importante lembrar que o conceito de comum do qual buscamos nos aproximar deve ser pensado como algo em processo, como um fazer comum (*commoning* em inglês). Isso é, não termos em vista somente o produto em si – livro, vídeo, música, hardware ou software livres –, mas as nossas próprias práticas e dinâmicas para através das quais juntos criarmos novas formas de viver, conviver e também produzir. Este é o fazer comum. Por isso, é importante mantermos vivas as conexões que percorreram todas as palavras, links, referências e pessoas citadas, debatidas, registradas e envolvidas nas páginas deste livro que aqui continua.

Internet, Ibero-América,
~~sul-global, 23 de novembro de 2018~~
remixado no inverno de 2020

POSFÁCIO

Depois de tanto falar em criação, reapropriação, propriedade, cópia, comum, copyleft e copyright através de tempos, de lugares e de visões de mundo diferentes, convém perguntar: e este livro, qual a sinalização do autor para a cópia, o uso (privado ou público), a citação e a reapropriação? Adota-se alguma licença, qual?

Minha – *nossa*, porque, apesar de haver um nome por trás desta obra, ela não deixa de ser coletiva, como vocês perceberam ao longo da leitura – escolha é pela licença que representa o copyleft: Creative Commons CC BY SA[298].

Ela diz que este trabalho pode ser *compartilhado* – copiado e redistribuído – por qualquer meio ou formato e *adaptado* – remixado, transformado – para qualquer pro-

[298] Seu texto está disponível na íntegra aqui: https://creativecommons.org/licenses/by-sa/4.0/.

pósito. Desde que haja *atribuição* de autoria, o que significa que qualquer uso deve mencionar quem escreveu este trabalho e onde ele foi modificado – parto do ponto de que quem quiser compartilhar, usar e adaptar este livro o fará de maneira razoável. E que qualquer obra derivada desta seja compartilhada pela mesma licença descrita aqui, uma garantia que não permite o fechamento deste trabalho em uma licença que restrinja todas as indicações citadas acima.

A abrangência dessa licença é aplicada às formas materiais com que esta obra circula: impressa como livro, em formato de um arquivo digital E-book e disponibilizada em partes dentro de plataformas na internet. A escolha por ela parte do pressuposto de que este trabalho só existe porque muitos outros existiram; e que fomentar outras obras será um elogio às ideias que aqui circulam. Sabemos das possibilidades de apropriação indevida e preguiçosa que muitos já fizeram de obras semelhantes, mas optamos por esse risco para garantir que este livro será livre para diferentes fins, inclusive o comercial.

Nesse aspecto, estimulamos o uso, a reapropriação e a (re)venda deste trabalho para fortalecer pequenas editoras e selos alternativos, desde que respeitadas as orientações já indicadas; caso você queira fazer isso, ficaríamos felizes se nos avisassem. Recordamos, porém, que o trabalho de editoras independentes como esta precisa ser remunerado para que continue existindo. Por isso, considere comprá-lo impresso e, assim, valorizar as escolhas editoriais e gráficas feitas aqui, assim como o investimento financeiro realizado – é isso que fará com que outras obras como esta sejam publicadas. Lembramos, por fim, que a melhor experiência de ler este texto – como muitos outros – é aquela propiciada por esta invenção de milhares de anos chamada *livro impresso*, com o cheiro do papel a penetrar as narinas e estimular uma leitura lenta, de anotações e sublinhares diversos que puxam diálogos e levam adiante a experiência única e singular de conhecer.

REFERÊNCIAS

ACOSTA, Alberto. *O bem viver*: uma oportunidade para imaginar outros mundos. Trad. Tadeu Breda. São Paulo: Autonomia Literária; Elefante, 2016.

ALFORD, William P. *Steal a Book Is an Elegant Offense*: Intellectual Property Law in Chinese Civilization. Stanford: Stanford University Press, 1995.

ARMSTRONG, Elizabeth. *Before Copyright*: The French Book-Privilege System 1498-1526. Cambridge: Cambridge University Press, 1990.

BAKER, Pam. The Open Source Programa at Microsoft: How Open Source Thrives. *The Linux Foundation*, 2 mar. 2018. Disponível em: https://www.linuxfoundation.org/blog/2018/03/open-source-program-microsoft-open-source-thrives.

BARBROOK, Richard; CAMERON, Andy. *A ideologia californiana*: uma crítica ao livre mercado nascido no Vale do Silício. Trad. Marcelo Träsel. Porto Alegre; União da Vitória: BaixaCultura; Monstro dos Mares, 2018.

______; ______. The Californian Ideology. *Mute*, v.1, n.3, 1º set. 1995. Disponível em: https://www.metamute.org/editorial/articles/californian-ideology.

BARLOW, John Perry. A Declaração de Independência do ciberespaço. In: FÓRUM ECONÔMICO MUNDIAL, 8 fev. 1996, Davos, Suíça. Disponível em: http://www.dhnet.org.br/ciber/textos/barlow.htm.

______. The Economy of Ideas. *Wired*, 3 jan. 1994. Disponível em: https://www.wired.com/1994/03/economy- ideas.

BASTOS, Marcus. A cultura da reciclagem. In: ROSAS, Ricardo; SALGADO, Marcos (orgs.). *Recombinação*. 2002. Disponível em: https://virgulaimagem.redezero.org/rizoma-net.

BELISÁRIO, Adriano; TARIN, Bruno (orgs.). *Copyfight*. Rio de Janeiro: Azougue, 2012.

BENJAMIN, Walter. *A obra de arte na era de sua reprodutibilidade técnica*. Trad. Gabriel Valladão Silva. Porto Alegre: L&PM, 2018.

BENKLER, Yochai. *The Wealth of Networks*: How Social Production Transforms Markets and Freedom. New Haven: Yale University Press, 2006.

BERARDI, Franco. *Depois do futuro*. Trad. Regina Silva. São Paulo: Ubu, 2019.

______. *Generación post-alfa*: patologías e imaginarios en el semiocapitalismo. Buenos Aires: Tinta Limón, 2007.

BIDDLE, Sam. Coronavírus traz novos riscos de abuso de vigilância digital sobre a população. *The Intercept*, 6 abr. 2020. Disponível em: https://theintercept.com/2020/04/06/coronavirus-covid-19-vigilancia-privacidade. Acesso em: 29 set. 2020.

BLISSET, Luther. *Q*: o caçador de hereges. São Paulo: Conrad, [1999] 2002.

BOLLIER, David. *Pensar desde los comunes*: una breve introducción. Madri: Traficantes de Sueños, 2016.

______. *Think Like a Commoner*: A Short Introduction to the Life of the Commons. Gabriola Island (Canadá): New Society Publishers, 2014.

______. *Viral Spiral*: How the Commoners Built a Digital Republic of their Own. Nova York: New Press, 2009.

BOUCHERON, Patrick. *Como se revoltar?* Trad. Cecília Ciscato. São Paulo: Editora 34, 2018.

BRIGGS, Asa; BURKE, Peter. *Uma história social da mídia*: de Gutenberg a Diderot. Trad. Maria Carmelita Pádua Dias; rev. técn. Paulo Vaz. 2.ed. Rio de Janeiro: Zahar, 2006.

BRIGHTMAN, Marc; FAUSTO, Carlos; GROTTI, Vanessa (orgs.). *Ownership and Nurture*: Studies in Native Amazonian Property Relations. Nova York: Berghahn Books, 2016.

BURROUGHS, William. O *método cut-up*. Trad. Ricardo Rosas; Arquivo Rizoma. In: ROSAS, Ricardo; SALGADO, Marcos (orgs.). *Recombinação*. 2002. on-line. Disponível em: https://virgulaimagem.redezero.org/rizoma-net.

CAMPOS, Haroldo de. *Serafim*: um grande não-livro. In: ANDRADE, Oswald de. *Serafim Ponte Grande*. 2.ed. Rio de Janeiro; Brasília: Instituto Nacional do Livro; MEC, 1971.

CARNEIRO DA CUNHA, Manuela. "Cultura" e cultura: conhecimentos tradicionais e direitos intelectuais. In: *Cultura com aspas e outros ensaios*. São Paulo: Cosac & Naify, 2009. p.311-73.

COELHO DE SOUZA, Marcela Stockler. The Forgotten Pattern and the Stolen Design: Contract, Exchange and Creativity among the Kĩsêdjê. In: BRIGHTMAN, Marc; FAUSTO, Carlos; GROTTI, Vanessa (orgs.). *Ownership and Nurture*: Studies in Native Amazonian Property Relations. 1.ed. Nova York: Berghahn Books, 2016.

COLEMAN, Gabriella. *Coding Freedom*: The Ethics and Aesthetics of Hacking. Princeton: Princeton University Press, 2013.

CONDORCET, Jean-Antoine-Nicolas de Caritat, marquês de. Fragments sur la liberté de la presse. In: *Œuvres de Condorcet*. T.11. Paris: Firmin Didot Frères, 1847.

CONFÚCIO. *Os analectos*. Trad. do chinês para o inglês, introdução e notas D. C. Lau. Trad. do inglês Caroline Chang. Porto Alegre: L&PM, 2007.

CONTRERAS, Pau. *Me llamo Kofham*: identidad hacker. Una aproximación antropológica. Barcelona: Gedisa, 2004.

DE ANGELIS, Massimo. Introduction. *The Commoner*, n.11, p.1, 2006. Disponível em: http://www.commoner.org.uk/?p=24. Acesso em: 19 mar. 2020.

DEAK, André; FOLETTO, Leonardo. Ambiente digital de difusão: por onde circula a cultura on-line? *BaixaCultura*, 14 jun. 2019. on-line. Disponível em: http://baixacultura.org/ambiente-digital-de-difusao-por-onde-circula-a-cultura-online.

DEBORD, Guy. *A sociedade do espetáculo*. Rio de Janeiro: Contraponto, [1967] 1998.

______; WOLMAN, Gil. *O guia dos usuários do* detournamènt. Porto Alegre: BaixaCultura, [1956] 2015.

DIDEROT, Denis. *Carta sobre o comércio do livro*. Trad. Bruno Feitler. Rio de Janeiro: Casa da Palavra, 2002.

DIRINGER, David. *The Book before Printing*: Ancient, Medieval and Oriental. Nova York: Dover, 1982.

EINSENSTEIN, Elizabeth. *The Printing Revolution in Early Modern Europe*. 2.ed. Nova York: Cambridge University Press, 2005.

ENZENSBERGER, Hans Magnus. *Der kurtze Sommer der Anarchie*. Berlim: Suhrkamp, 1977. [ed. bras.: *O curto verão da anarquia*. Trad. Marcio Suzuki. São Paulo: Companhia das Letras, 1987.]

EZE, Michael Onyebuchi. *Intelectual History in Contemporary South Africa*. Nova York: Palgrava MacMillan, 2010.

FENG, Peter; FENG, Xyang. *Intellectual Property in China*. Hong Kong: Sweet & Maxwell Asia, 2003.

FEDERICI, Silvia. *O ponto zero da revolução*: trabalho doméstico, reprodução e luta feminista. São Paulo: Elefante, 2019.

FOLETTO, Leonardo. *Um mosaico de parcialidades na nuvem coletiva*: rastreando a mídia ninja (2013-2016). Porto Alegre, 2017. Tese (Doutorado na área de Comunicação e Informação) – Faculdade de Biblioteconomia e Comunicação, Universidade Federal do Rio Grande do Sul.

______. Midiativismo, mídia alternativa, radical, livre, tática: um inventário de conceitos semelhantes. In: BRAIGHI, Antônio Augusto; LESSA, Cláudio; CÂMARA, Marco Túlio (orgs.). *Interfaces do midiativismo*: do conceito à prática. Belo Horizonte: Cefet-MG, 2018. p.95-110.

FOLETTO, Leonardo. Ressaca da internet, espírito do tempo. *BaixaCultura*, 9 jul. 2018. Disponível em: http://baixacultura.org/ressaca-da-internet-espirito-do-tempo.

______. Cultura hacker e jornalismo: práticas jornalísticas *do it yourself* na comunidade brasileira, transparência hacker. In: Congreso Internacional de la Unión Latina de Economía Política de la Información (Ulepicc), 8, 2013, Quiles, Argentina. Disponível em: http://www.leofoletto.info/wp-content/uploads/2015/09/artigo_etica_hacker_e_jornalismo_ulepicc_2013.pdf.

______; MARTINS, Beatriz; LUNA, Carlos. Encontro On-Line Cultura Livre do Sul: a produção cultural comunitária para a construção do comum. *Contratexto*, n.33, p. 105-24, jun. 2020.

FOUCAULT, Michel. O que é um autor? In: *Ditos e escritos*. V.3: *Estética*: literatura e pintura, música e cinema. Disponível em: https://edisciplinas.usp.br/pluginfile.php/179076/mod_resource/content/1/Foucault%20Michel%20-%20O%20que%20%C3%A9%20um%20autor.pdf.

GARCIA DOS SANTOS, Laymert. *Politizar as novas tecnologias*: o impacto sociotécnico da informação digital e genética. São Paulo: Editora 34, 2004.

GEERTZ, Clifford. *A interpretação das culturas*. Rio de Janeiro: LTC, 2008.

GINZBURG, Carlo. *O queijo e os vermes*: o cotidiano e as ideias de um moleiro perseguido pela Inquisição. 8.reimp. São Paulo: Companhia das Letras, 1996.

______. *Os andarilhos do bem*: feitiçarias e cultos agrários nos séculos XVI e XVII. 1.reimp. São Paulo: Companhia das Letras, 1990.

______. A micro-história e outros ensaios. Rio de Janeiro: Bertrand, 1989.

GUATTARI, Félix; ROLNIK, Suely. *Micropolíticas*: cartografias do desejo. 4.ed. Petrópolis: Vozes, 1996.

GUDYNAS, Eduardo. *Direitos da natureza*: ética biocêntrica e políticas ambientais. São Paulo: Elefante, 2019.

HAN, BYUNG-CHUL. *Shanzai*: el arte de la falsificación y la deconstrucción en China. Buenos Aires: Caja Negra, 2016.

HARDT, Michael; NEGRI, Antonio. *Multidão*: guerra e democracia na era do império. Rio de Janeiro: Record, 2005.

HEIDEL, Evelin (Scann). Que se callen las musas: por qué el feminismo debe oponerse al copyright. *GenderIT.org*, 14 ago. 2017. Disponível em: https://www.genderit.org/es/feminist-talk/columna-que-se-callen-las-musas-por-qu%C3%A9-el-feminismo-debe-oponerse-al-copyright.

HIMANEN, Pekka. *La ética del hacker y el espírito de la era de la información*. Trad. Ferran Meler Ortí. Barcelona: Destino, 2002.

HIRSCH, Eric; STRATHERN, Marilyn. *Transactions and Creations*: Property Debates and the Stimulus of Melanesia. Nova York: Berghahn Books, 2004.

HOME, Stewart. *Assalto à cultura*: utopia subversão guerrilha na (anti)arte do século XX. 2.ed. São Paulo: Conrad, 2005.

HONG, Sungook. *Wireless*: From Marconi's Black-Box to the Audion. Massachusetts: MIT Press, 2001.

HUANG, H. On Public Domain in Copyright Law. *Frontiers of Law in China*, v.4, n.2, p.178-95, 2009.

HUTCHINSON, Thomas. *History of Massachusetts*: From the First Settlement Thereof in 1628, until the Year 1750. 3.ed. 2v. Massachusetts: Thomas C. Cushing, 1795.

HYDE, Lewis. *The Gift*: Creativity and the Artist in the Modern World. Nova York: Random House, 1983. [ed. bras.: *A dádiva*: como o espírito criador transforma o mundo. Trad. Maria Alice Máximo. Rio de Janeiro: Civilização Brasileira, 2010.]

KITTLER, Friedrich A. *Gramofone, filme, typewriter*. Trad. Guilherme Gontijo Flores; Daniel Martineschen. Belo Horizonte; Rio de Janeiro: Editora UFMG; EdUerj, 2019.

KLEINER, Dimitry. *The Telekommunist Manifesto*. Amsterdã: Institute of Network Cultures, 2010. Disponível em: http://www.networkcultures.org/networknotebook.

KRAMER, Florian. O mal-entendido do Creative Commons. In: BELISÁRIO, Adriano; TARIN, Bruno (orgs.). *Copyfight*. Rio de Janeiro: Azougue, 2012.

LANIER, Jaron. *Dez argumentos para você deletar agora suas redes sociais*. Trad. Bruno Cassoti. Rio de Janeiro: Intrínseca, 2018.

LATOUR, Bruno. *Jamais fomos modernos*. Trad. Carlos Irineu da Costa. Rio de Janeiro: Editora 34, 1994.

LAUTRÉAMONT, Conde de. *Os cantos de Maldoror*: poesias, cartas, obra completa. Trad., prefácio e notas Cláudio Willer. 2.ed. São Paulo: Iluminuras, 2005.

LESSIG, Lawrence. *Code and Other Laws of Cyberspace*. Nova York: Basic Books, 1999.

_____. *Cultura livre*: como a grande mídia usa a tecnologia e a lei para bloquear a cultura e controlar a criatividade. Trad. Rodolfo S. Filho, Cardoso, Joaquim Toledo Jr., Isabea Vecchi Alzuguir, Mariana Bandarra, Alexandre Boide. São Paulo: Trama, 2005.

LEVY, Steven. *Hackers*: Heroes of the Computer Revolution. Nova York: Nerraw Manijaime; Doubleday, 1984.

LIMA, Tânia Stolze. *Um peixe olhou para mim*: o povo Yudjá e a perspectiva. São Paulo; Rio de Janeiro: Editora Unesp; ISA; NuTI, 2005.

LOCKE, John. *Dois tratados sobre o governo*. Trad. Júlio Fischer. São Paulo: Martins Fontes, 1998.

LONG, Pamela. *Openness, Secrecy, Authorship*: Technical Arts and the Culture of Knowledge from Antiquity to the Renaissance. Baltimore: John Hopkins University Press, 2001.

MACHADO PONTES, Leonardo; SOUSA ALVES, Marcos. O direito de autor como um direito de propriedade: um estudo histórico da origem do copyright e do *droit d'auteur*. In: CONGRESSO NACIONAL DO CONPEDI, 18, São Paulo, 2009. Disponível em: http://www.publicadireito.com.br/conpedi/manaus/arquivos/Anais/sao_paulo/2535.pdf.

MACHADO, Almires Martins; ORTIZ, Rosalvo Ivarra. Direito e cosmologia Guarani: um diálogo impreterível. *Revista de Direito: trabalho, sociedade e cidadania*, Brasília: Centro Universitário Iesb, v.5, n.5, jul.-dez. 2018.

MACIEL, Lucas da Costa. Perspectivismo ameríndio. In: *Enciclopédia de antropologia*. São Paulo: Universidade de São Paulo, Departamento de Antropologia, 2019. Disponível em: http://ea.fflch.usp.br/conceito/perspectivismo-amer%C3%ADndio.

MANCE, Euclides André. Filosofia africana: autenticidade e libertação. In: SERRA, Carlos. *O que é filosofia africana?* Lisboa: Escolar Editora, 2015. [Cadernos de Ciências Sociais].

MANGUEL, Alberto. *Uma história da leitura*. São Paulo: Companhia das Letras, 1996.

MANSOUX, Aymeric. Livre como queijo: confusão artística acerca da abertura. In: BELISÁRIO, Adriano; TARIN, Bruno. *Copyfight*. Rio de Janeiro: Azougue, 2012.

MARCIAL, Marco Valério. *Épigrammes*. Trad. Edouard Thomas Simon. v.I. Paris: Guitel, 1819. [ed. bras.: *Epigramas*. Tradução, notas e posfácio de Rodrigo Garcia Lopes. Cotia-SP: Ateliê Editorial, 2018].

MARTINS, Beatriz Cintra. *Autoria em rede*: os novos processos autorais através das redes eletrônicas. Rio de Janeiro: Mauad, 2014.

MARX, Karl. *Os despossuídos*: debates sobre a lei referente ao furto de madeira. Trad. Nélio Schneider. São Paulo: Boitempo, 2017.

MAUSS, Marcel. Essai sur le don. *L'Année Sociologique*, ano I. Paris: Presses Universitaires de France, 1923-1924. [ed. bras.: *Sociologia e antropologia*. Trad. Paulo Neves. São Paulo: Ubu, 2017].

MCLUHAN, Marshall. *Understand Media*: The Extensions of Man. Nova York: McGraw-Hill, 1964. [ed. bras.: O*s meios de comunicação como extensão do homem*. Trad. Décio Pignatari. São Paulo: Cultrix, 2005].

MILAN, Stefania. When Algorithms Shape Collective Action: Social Media and the Dynamics of Cloud Protesting. *Social Media + Society*, Londres: Sage, v.2, jul.-dez. 2015.

MOREAU, Antoine. Sobre arte livre e cultura livre. In: BELISÁRIO, Adriano; TARIN, Bruno (orgs.). *Copyfight*. Rio de Janeiro: Azougue, 2012.

MOROZOV, Evgeny. *Big Tech*: a ascensão dos dados e a morte da política. Trad. Cláudio Marcondes. São Paulo: Ubu, 2018.

______. Solucionismo, nova aposta das elites globais. *Outras Palavras*, 23 abr. 2020. Disponível em: https://outraspalavras.net/tecnologiaemdisputa/solucionismo-nova-aposta-das-elites-globais. Acesso em: 29 set. 2020.

MUSMANN, H. G. Genesis of the MP3 Audio Coding Standard. *IEEE Transactions on Consumer Electronics*, v.52, n.3, p.1043-9, ago. 2006. doi: 10.1109/TCE.2006.1706505. Disponível em: https://ieeexplore.ieee.org/document/1706505.

NEGREIROS, Regina Coli Araújo Trindade. Ubuntu: considerações acerca de uma filosofia africana em contraposição à tradicional filosofia ocidental. *Problemata: R. Intern. Fil.*, v.10, n.2, p.111-27, 2019.

NIMUS, Anna. *Copyright, copyleft e os creative anti-commons*. Berlim: Subta, 2006.

ORTELLADO, Pablo. *Porque somos contra a propriedade intelectual*. In: ROSAS, Ricardo; SALGADO, Marcos (orgs.). *Recombinação*. 2002. on-line. Disponível em: https://virgulaimagem.redezero.org/rizoma-net.

OXFORD ENGLISH DICTIONARY. 3.ed. Oxford: Oxford University Press, 2005.

PARANAGUÁ, Pedro; BRANCO, Sérgio. *Direitos autorais*. Rio de Janeiro: FGV, 2009.

PASQUINELLI, Matteo. A ideologia da cultura livre e a gramática da sabotagem. In: BELISÁRIO, Adriano; TARIN, Bruno (orgs.). *Copyfight*. Rio de Janeiro: Azougue, 2012.

PERROMAT, Kevin. *El plagio en las literaturas hispánicas*: historia, teoría y práctica. Paris, 2010. Tese (Doutorado em Études Romanes: Espagnol) – Université Paris-Sorbonne.

PONTES, Hugo. O que é arte xerox? In: ROSAS, Ricardo; SALGADO, Marcos (orgs.). *Recombinação*. 2002. on-line. Disponível em: https://virgulaimagem.redezero.org/rizoma-net.

PUTNAM, G. H. *Authors and their Public in Ancient Times*. 3.ed. Nova York: Knickerbocker, 1923.

RAYMOND, Eric Steven. *A catedral e o bazar*. Trad. Erik Kohler. [S.l.: s.n.], 1999.

RENÁ, Paulo. *Droit d'autor vs.* copyright: diferenças conceituais entre direito de autor e direito de cópia. *Hiperfície*, 28 mar. 2012. Disponível em: https://hiperficie.wordpress.com/2012/03/28/droit-dautor-vs-copyright-diferencas-conceituais-entre-direito-de-autor-e-direito-de-copia. Acesso em: 24 set. 2020.

RENDUELES, César. *Sociofobia*: mudança política na era da utopia digital. Trad. Sérgio Molina. São Paulo: Edições Sesc São Paulo, 2016.

______; SUBIRATS, Joan. *Los (bienes) comunes*: oportunidad o espejismo? Madri: Icaria, 2017.

ROSAS, Ricardo; SALGADO, Marcos (orgs.). *Recombinação*. 2002. on-line. Disponível em: https://virgulaimagem.redezero.org/rizoma-net.

ROWAN, Jaron. *Cultura libre de estado*. Madri: Traficante de Sueños, 2016.

SAHLINS, Marshall. *Cultura e razão prática*. Rio de Janeiro: Jorge Zahar, 2003.

______. *Stone Age Economics*. Chicago: Aldine; Atherton, 1972.

SAVAZONI, Rodrigo. *O comum entre nós*: da cultura digital à democracia do século XXI. São Paulo: Sesc Edições, 2018. [e-Book].

______; COHN, Sérgio. *Cultura digital.br*. Rio de Janeiro: Azougue, 2009.

SERTÃ, Ana Luísa; ALMEIDA, Sabrina. Ensaio sobre a dádiva. In: *Enciclopédia de antropologia*. São Paulo: Universidade de São Paulo, Departamento de Antropologia, 2016. Disponível em: http://ea.fflch.usp.br/obra/ensaio-sobre-dádiva.

SHIRAISHI NETO, Joaquim; TAPAJÓS ARAÚJO, Marlon Aurélio. "*Buen vivir*": notas de um conceito constitucional em disputa. *Pensar*, Fortaleza, v.20, n.2, p.379-403, maio-ago. 2015. Disponível em: https://periodicos.unifor.br/rpen/article/viewFile/2886/pdf.

SIMON, Imre; VIEIRA, Miguel Said. O rossio não-rival (The Non-rival Commons). *Revista da USP*, n.86, p.66-77, 2010. Disponível em: https://www.ime.usp.br/~is/papir/RNR_v9.pdf.

SMIERS, Joost. *Artes sob Pressão*: promovendo a diversidade cultural na era da globalização. São Paulo: Escrituras, Instituto Pensarte, 2003.

______; VAN SCHIJNDEL; Marieke. *Imagine um mundo sem direitos do autor nem monopólios*. Trad. Helena Barradas et al. 2006. on-line. Disponível em: http://baixacultura.org/nao-e-dificil-imaginar-um-mundo-sem-copyright/.

SOUZA, Joyce; AVELINO, Rodolfo; AMADEU DA SILVEIRA, Sérgio. *A sociedade de controle*: manipulação e modulação nas redes digitais. São Paulo: Hedra, 2018.

STALLMAN, Richard. *Free Software, Free Society*: Selectec Essays of Richard M. Stallman. Boston: GNU Press, 2002.

______. *Software libre para una sociedad libre*. Madrid: Traficante de Sueños, 2004.

______. O Manifesto GNU. 1985. Disponível em: https://www.gnu.org/gnu/manifesto.pt-br.html.

STONE, Charles R. What Plagarism Was not: Some Preliminary Observations on Classical Chinese Attitudes Toward what the West Calls Intellectual Property. *Marquette Law Review*, v.92, n.1, 2008. Disponível em: https://core.ac.uk/download/pdf/148687571.pdf.

STRATHERN, Marilyn. *Property, Substance, and Effect*: Anthropological Essays on Persons and Things. Oxford: Athlone, 1999.

______. *The Gender of the Gift*: Problems with Women and Problems with Society in Melanesia. Berkeley: University of California Press, 1988.

TELES, G. M. *Vanguarda europeia e modernismo brasileiro*. Petrópolis, Rio de Janeiro: Vozes, 2002.

TORREMANS, Paul (org.). *Copyright Law*: A Handbook of Contemporary Research. Cheltenham: Edward Elgar, 2007.

TORRES, Aracele. *A tecnoutopia do software livre*: uma história do projeto técnico e político do GNU. São Paulo: Alameda, 2018.

TSUEN-HSUIN, Tsien; NEEDHAM, Joseph. *Paper and Printing*: Science and Civilisation in China. v.5. parte 1. Cambridge: Cambridge University Press, 1985.

VALENTE, Mariana. *Implicações jurídicas e políticas do direito autoral na internet*. São Paulo, 2013. Dissertação (Mestrado) – Universidade de São Paulo, Faculdade de Direito.

VIEIRA, Miguel Said. *Os bens comuns intelectuais e a mercantilização*. São Paulo, 2014. Tese (Doutorado em Educação) – Universidade de São Paulo, Faculdade de Educação.

VILLA-FORTE, Leonardo. *Escrever sem escrever*: literatura e apropriação no século XXI. Rio de Janeiro; Belo Horizonte: Editora PUC-RJ; Relicário, 2019.

VIVEIROS DE CASTRO, Eduardo. *Metafísicas canibais*: elementos para uma antropologia pós-estrutural. São Paulo: Cosac & Naify, 2015.

______. Economia da cultura digital. In: SAVAZONI, Rodrigo; COHN, Sérgio (orgs.). *Cultura digital.br*. Rio de Janeiro: Beco do Azougue, 2009.

______. *A inconstância da alma selvagem e outros ensaios de antropologia*. São Paulo: Cosac & Naify, 2002.

WAGNER, Roy. *A invenção da cultura*. São Paulo: Ubu, 2017.

WHITE, Harold O. *Plagiarism and Imitation during the English Renaissance*: A Study in Critical Distinctions. Cambridge (Massachusetts): Harvard University Press, 1935.

WILLER, Cláudio. Prefácio. In: LAUTRÉAMONT, Conde de. *Os cantos de Maldoror*: poesias, cartas, obra completa. Trad., prefácio e notas Cláudio Willer. 2.ed. São Paulo: Iluminuras, 2005.

WILLIAMS, Sam. *Free as in Freedom*: Richard Stallman and the Free Software Revolution. Boston: Free Software Foundation, 2002. Disponível em: https://archive.org/stream/faif-2.0/faif-2.0_djvu.txt.

WITTENBERG, Philip. *The Protection and Marketing of Literary Property*. Nova York: J. Messner Inc., 1937.

WOODMANSEE, Martha. *The Author, Art, and the Market*: Rereading the History of Aesthetics. Nova York: Columbia University Press, 1994.

WU MING. *Copyright e maremoto*. Trad. Rizoma. 2002. on-line. Disponível em: http://baixacultura.org/wu-ming-e-um-maremoto-anticopyright.

______. *Notas inéditas sobre copyright e copyleft*. Trad. Reuben da Cunha Rocha. In: *La Remezcla*. Porto Alegre: BaixaCultura, [2005] 2016.

YU, Peter K. *Intellectual Property and Confucianism:* Diversity in Intellectual Property: Identities, Interests and Intersections. Org. Irene Calboli; Srividhya Ragavan. Cambridge: Cambridge University Press, 2015.

ZUMTHOR, Paul. *Essai de poétique médiévale*. Paris: Seuil, [1972] 2000.

AGRADECIMENTOS

Este livro foi escrito, em sua redação final, entre setembro de 2019 e setembro de 2020, período do início da pandemia do novo coronavírus e de uma quarentena que durou muito mais que 40 dias. Muitas pessoas me permitiram e ajudaram a escrevê-lo. Seria difícil citar todas; algumas delas estão nas referências e nas notas de rodapé.

Outras posso agradecer aqui. As trocas de ideias com Elias Machado e Leonardo Retamoso Palma foram importantes para muitas das discussões deste trabalho. Em diferentes momentos e de diferentes formas, foram interlocutores, propulsores ou colaboradores das ideias aqui trazidas nos últimos anos: Rodrigo Savazoni, Mariana Valente, Felipe Fonseca, André Deak, Pedro Markun, Evelyn Gomes, Lívia Ascava, Sheila Uberti, Janaína Spode, Carolina Dalla Chiesa, Aline Bueno, Fabrício Solagna, Leonardo Roat, Augusto Paim, Luís Eduardo Tavares, Aracele Torres, Guilherme Flynn, Pablo Ortellado, Sérgio Amadeu, Eduardo Viveiros de Castro, Marcelo Träsel, Rubens Velloso, Gustavo Torrezan, Sávio Lima Lopes, Reuben da Cunha Rocha, Edson Andrade, Victor Wolfenbüttel, William Araújo, Pedro Jatobá, Rodrigo Troian, Joel Grigolo, Iuri Martins, Thiago Almeida, Douglas Freitas, Márcia

Veiga, Angelo Kirst Adami e Tatiana Dias (que deu preciosas sugestões na reta final do texto). Agradeço também a Daniel Santini e Cauê Seignermartin Ameni, pelo apoio e confiança no projeto. E a Beatriz Martins, Carlos Lunna, Jorge Gemetto, Mariana Fossati, Dani Cottilas, Barbi Couto e a rede de Cultura Livre do Sul, que estiveram como laboratório de muitas das palavras escritas aqui, assim como a Rede das Produtoras Culturais Colaborativas, ambos coletivos que põem em prática alguns dos entendimentos da cultura livre.

SOBRE O AUTOR

Foto: Sheila Uberti

Leonardo Feltrin Foletto nasceu em Taquari, interior do Rio Grande do Sul. Formado como jornalista na UFSM, em Santa Maria-RS, fez Mestrado em Jornalismo na UFSC e Doutorado em Comunicação na UFRGS, com pesquisas ligadas a comunicação, tecnologia e ativismo. Como jornalista de redação, esteve em *A Razão*, de Santa Maria, e na *Folha de S.Paulo* (Ilustrada). Foi professor visitante em algumas universidades (PUC-RS, UCS, Unisinos, PUC-SP e Unochapecó) e escreveu *Efêmero revisitado: conversas sobre teatro e cultura digital*, a partir de uma bolsa da Fundação Nacional das Artes (Funarte) em 2011. Desde 2007 trabalha com comunicação digital, cultura livre e tecnopolítica no Brasil e na Ibero-América em projetos como Casa da Cultura Digital (São Paulo e Porto Alegre), Ônibus Hacker, Festival BaixoCentro, Fórum Internacional do Software Livre (FISL), Rede de Produtoras Culturais Colaborativas, hackerspace Matehackers, Labhacker, Creative Commons Brasil e LabCidade (FAU-USP), entre outros. Além do *BaixaCultura* (baixacultura.org), espaço on-line de cultura livre e (contra) cultura digital em atividade desde 2008, laboratório e extensão de boa parte das ideias trazidas aqui.

Fontes: Minion Pro e Andale Mono
Papel: Pólen Bold 80g
Impressão: Graphium